21世纪会计系列规划教材 **应用型**

税务会计模拟实验

（第三版）

朱淑梅 刘 璐 主 编

孔令一 宿 怡 副主编

Shuiwu Kuaiji

Moni Shiyan

东北财经大学出版社 Dongbei University of Finance & Economics Press | 大连

图书在版编目（CIP）数据

税务会计模拟实验 / 朱淑梅，刘璐主编. —3版. —大连：东北财经大学出版社，2023.2（2025.2重印）

（21世纪会计系列规划教材·应用型）

ISBN 978-7-5654-4745-7

Ⅰ. 税…　Ⅱ. ①朱…②刘…　Ⅲ. 税务会计-高等学校-教材　Ⅳ. F810.62

中国版本图书馆CIP数据核字（2022）第251623号

东北财经大学出版社出版

（大连市黑石礁尖山街217号　邮政编码　116025）

网　　址：http://www.dufep.cn

读者信箱：dufep@dufe.edu.cn

大连永盛印业有限公司印刷　东北财经大学出版社发行

幅面尺寸：205mm×285mm　字数：214千字　印张：12.5

2023年2月第3版　2025年2月第2次印刷

责任编辑：高　铭　周　慧　责任校对：慧　心

封面设计：冀贵收　版式设计：原　皓

定价：38.00元

教学支持　售后服务　联系电话：（0411）84710309

如有印装质量问题，请联系营销部：（0411）84710711

第三版前言

《税务会计模拟实验》通过提供大量的仿真原始凭证，对企业不同税种的涉税业务进行模拟训练，培养学生对各税种的准确计算能力、核算能力，以及纳税申报表、附表资料的填制能力，让学生能够全面理解和掌握税务会计知识，将税务会计理论与实际应用相结合，提高学生涉税业务处理能力，从实际应用的角度出发，真正培养满足社会需求的应用型税务人才。

本教材分税种设计实验内容，包括6个具体的实验项目：税务会计基本工作流程、增值税会计模拟实验、消费税会计模拟实验、个人所得税会计模拟实验、企业所得税会计模拟实验、其他主要税种会计模拟实验。每个项目都有具体的实验任务，有针对性地分税种进行涉税业务操作。

第三版在保持第二版内容体系的基础上，根据企业会计准则和税收法律法规的最新规定，突出应用型人才培养目标和德育育人宗旨，对部分内容进行修订。第三版主要修订内容如下：

1.依据最新税收法律法规政策，修改教材内容。根据《国家税务总局关于增值税 消费税与附加税费申报表整合有关事项的公告》《国家税务总局关于修订发布〈个人所得税专项附加扣除操作办法（试行）〉的公告》《国家税务总局关于企业所得税年度汇算清缴有关事项的公告》《国家税务总局关于简并税费申报有关事项的公告》等对增值税、消费税、个人所得税、企业所得税、小税种的纳税申报表及附表资料进行更新。同时，依据最新政策对部分涉税业务进行修改。

2.注重“课程育人”，突出课程思政。本教材在章节内容安排中注重课程育人，将知识点与思政元素相融合，增加思政案例，突出课程思政。

本教材由烟台理工学院朱淑梅、刘璐担任主编；孔令一、宿怡担任副主编；迟甜甜、滕萍萍参编。具体分工如下：滕萍萍编写实验1，朱淑梅编写实验2，刘璐编写实验3，宿怡编写实验4，迟甜甜编写实验5，孔令一编写实验6。

本教材在编写过程中，参考和借鉴了大量相关实验教材成果，得到了东北财经大学出版社的大力支持，在此表示诚挚谢意！

由于作者水平有限，加之税收法规变化较快，教材内容难免有疏漏之处，恳请读者提出改进意见，以便我们进一步修订和完善。

编　者

2022年10月

目 录

实验1　税务会计基本工作流程

实验1.1　税务登记管理

【思政课堂】

革故鼎新、砥砺前行——青海省工商局“五证合一”窗口案例

2016年8月，国家工商总局、发改委、人力资源和社会保障部、统计局、国务院法制办公室联合发出通知，要求各相关部门贯彻落实《国务院办公厅关于加快推进“五证合一、一照一码”登记制度改革的通知》的要求，确保从2016年10月1日起在全国范围推行“五证合一”改革。

青海省工商局行政服务窗口为加强“五证合一”窗口规范化建设，创新思路，开展了“五证合一”文明窗口建设活动。根据省工商局的统一安排，窗口积极做好“五证合一、一照一码”登记制度改革实施前的准备工作，大厅一楼室内、室外大屏幕滚动播放“五证合一、一照一码”有关政府文件、政策解读，省政府行政服务中心门户网站工商登记业务流程也及时进行了修改和调整，2016年9月26日，“五证合一、一照一码”登记改革正式启动，截至12月1日省工商局“五证合一”窗口共发放“五证合一、一照一码”营业执照336户。2017年以来，省局登记窗口继续加大了“三证合一”“五证合一”营业执照换发的宣传力度，截至12月1日换照率为77.4%，超额完成了省政府确定的70%的目标任务。

资料来源：人民网. 革故鼎新、砥砺前行——青海省工商局“五证合一”窗口案例［EB/OL］.［2017-07-18］. http://dangjian.people.com.cn/n1/2017/0718/c413386-29412994.html，有删节。

请思考：

1.何为“五证合一”？

2.在“三证合一”基础上再推进“五证合一”有什么重要意义？

我国自2015年10月1日起在全国范围全面推行“三证合一、一照一码”登记制度，自2016年10月1日起实施“五证合一、一照一码”登记制度，自此，税务登记管理的内容发生了较大的变化。

“五证合一、一照一码”登记制度是指将原来企业、农民专业合作社登记时依次申请，分别由“市场监督管理部门核发工商营业执照、质量技术监督部门核发组织机构代码证、税务部门核发税务登记证、统计部门核发统计证、社会保障部门核发社会保险登记证”改为一次申请、由市场监督管理部门核发一个加载统一社会信用代码的营业执照的登记制度。该制度适用于依法由市场监督管理部门登记的除个体工商户以外的所有市场主体，包括各类企业、农民专业合作社及其分支机构。

一、新设登记的基本流程

“五证合一”之后，无须单独进行税务登记，新设企业“五证合一”的营业执照办证基本流程如图1-1所示。

报送资料：

“新设企业五证合一登记申请表”。

二、变更税务登记的基本流程

企业生产经营地、财务负责人、核算方式发生变化的，应向主管税务机关申请变更，不再向工商登记部门申请变更。除前述三项信息外，企业在登记机关新设时采集的信息发生变更的，均由企业向工商登记部门申请变更。工商登记信息变更之后再进行税务信息的变更。对于税务机关在后续管理中采集的其他必要涉税基础信息发生变更的，直接向税务机关申请变更即可。

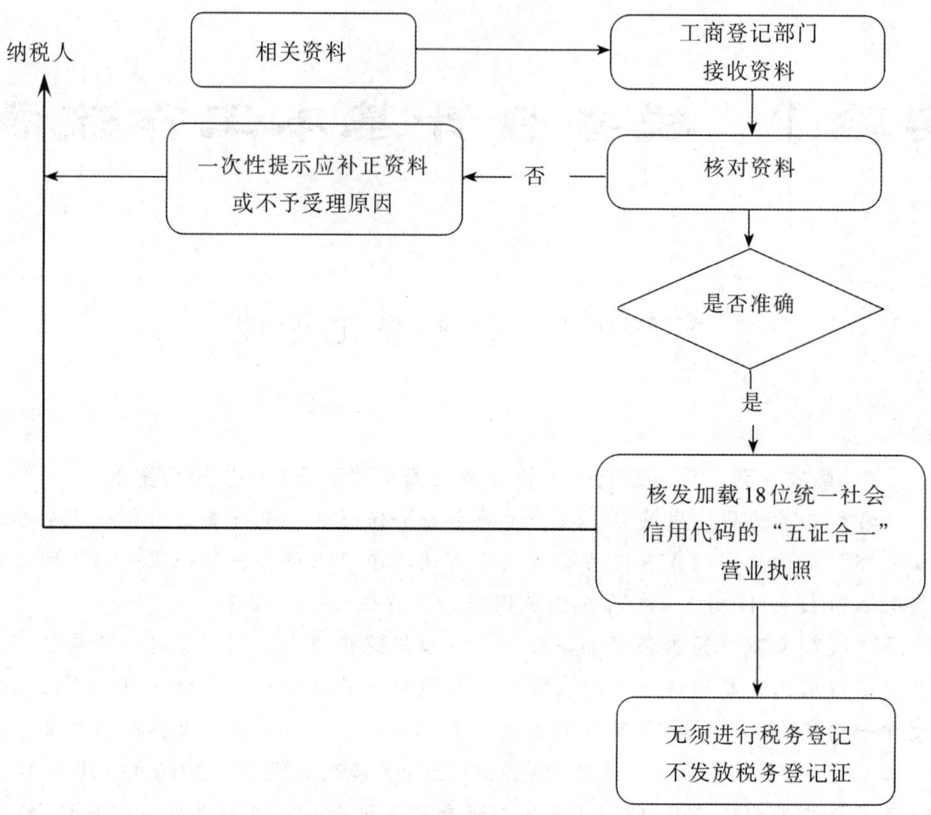

图1-1　纳税登记的基本流程

领取“一照一码”营业执照企业变更登记流程如图1-2所示。

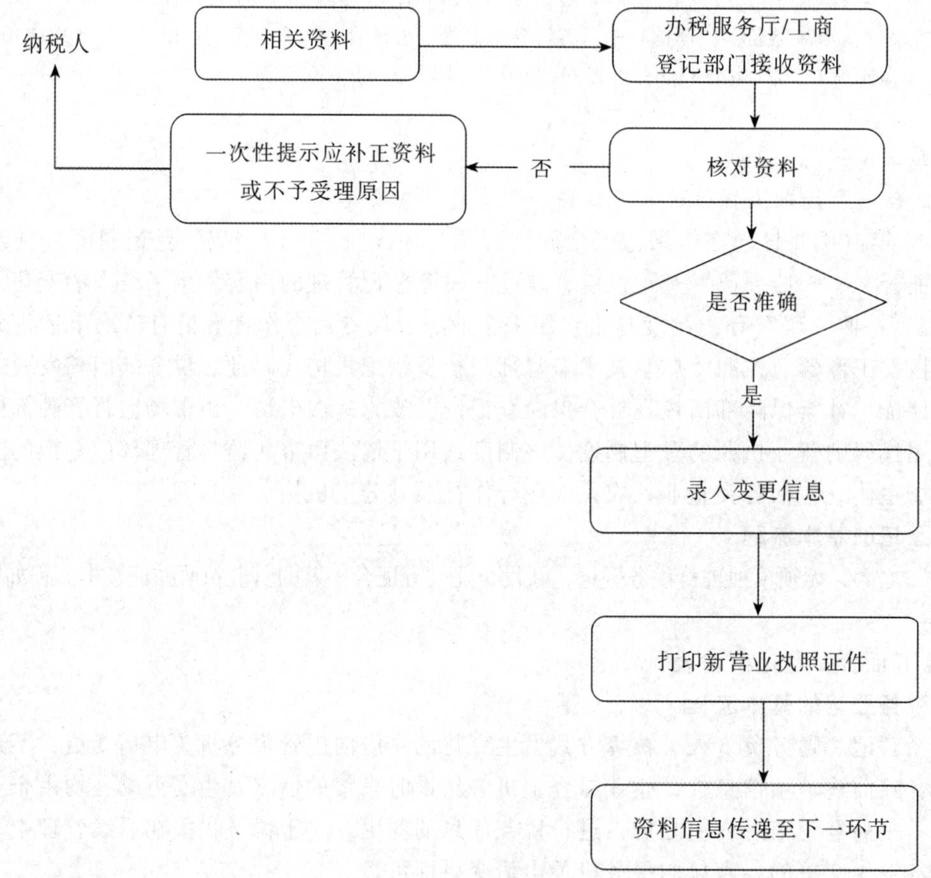

图1-2　变更登记流程

报送资料：
1.变更营业执照企业名称所需报送资料
（1）“变更登记申请书”。
（2）企业董事会决议。
（3）有关合同、章程的补充修改协议。
（4）营业执照正、副本。
（5）登记机关要求提交的其他材料。
2.变更住所所需报送资料
（1）“变更登记申请书”。
（2）企业董事会决议。
（3）新住所使用证明。
（4）营业执照正、副本。
3.变更营业执照经营范围所需报送资料
（1）“变更登记申请书”。
（2）企业董事会决议。
（3）有关合同、章程的补充修改协议及原审批机关的批准文件及换发的新批准证书。
（4）经营范围变更中涉及国家法律、法规需进行专项审批的批准文件。
（5）营业执照正、副本。
4.增加营业执照注册资本或变更营业执照经营期限所需报送资料
（1）“变更登记申请书”。
（2）企业董事会决议。
（3）有关合同、章程的补充修改协议及原审批机关的批准文件及换发的新批准证书。
（4）营业执照正、副本。
（5）登记机关要求提交的其他文件。
5.减少注册资本所需报送资料
（1）减少注册资本的申请书。
（2）“变更登记申请书”。
（3）企业董事会决议。
（4）有关合同、章程的补充修改协议及原审批机关的批准文件和换发的新批准证书。
（5）登载企业减少注册资本公告的证明。
（6）营业执照正、副本。
（7）登记机关要求提交的其他文件。

三、纳税人跨县（区）迁出的税务登记流程

纳税人因住所、经营地变更涉及改变税务登记机关的，应向原主管税务机关提出办理迁出。
纳税人跨县（区）迁出的税务登记流程如图1-3所示。
报送资料：
（1）“注销税务登记申请审批表”。
（2）营业执照正、副本。
（3）“发票领用簿”及未验旧和未使用发票。
（4）住所、经营地点变动的相关证明资料原件及复印件。
（5）使用增值税税控系统的增值税纳税人应提供金税盘、税控盘和报税盘，或者金税卡和IC卡。
（6）其他按规定应收缴的设备。

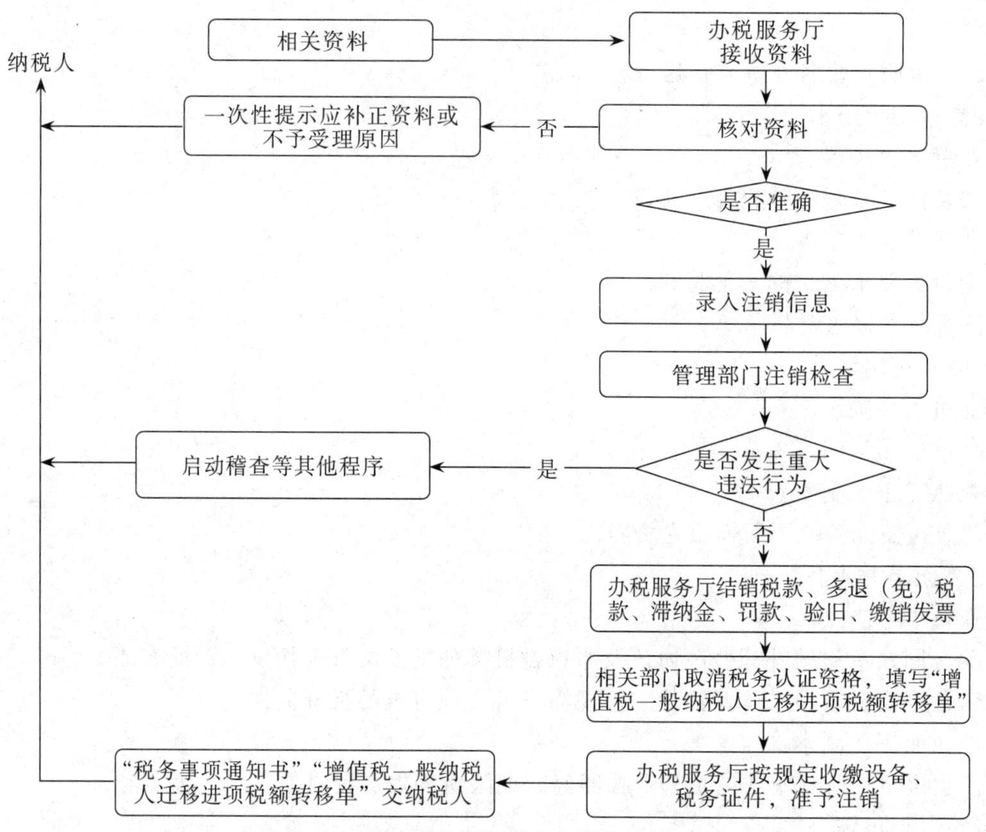

图1-3　纳税人跨县(区)迁出的税务登记流程

四、纳税人跨县（区）迁入的税务登记流程

纳税人因住所、经营地变更涉及改变税务登记机关的，应向原主管税务机关提出注销税务登记，并自注销税务登记之日起30日内向迁入地税务机关办理税务登记。

纳税人跨县（区）迁入的税务登记流程如图1-4所示。

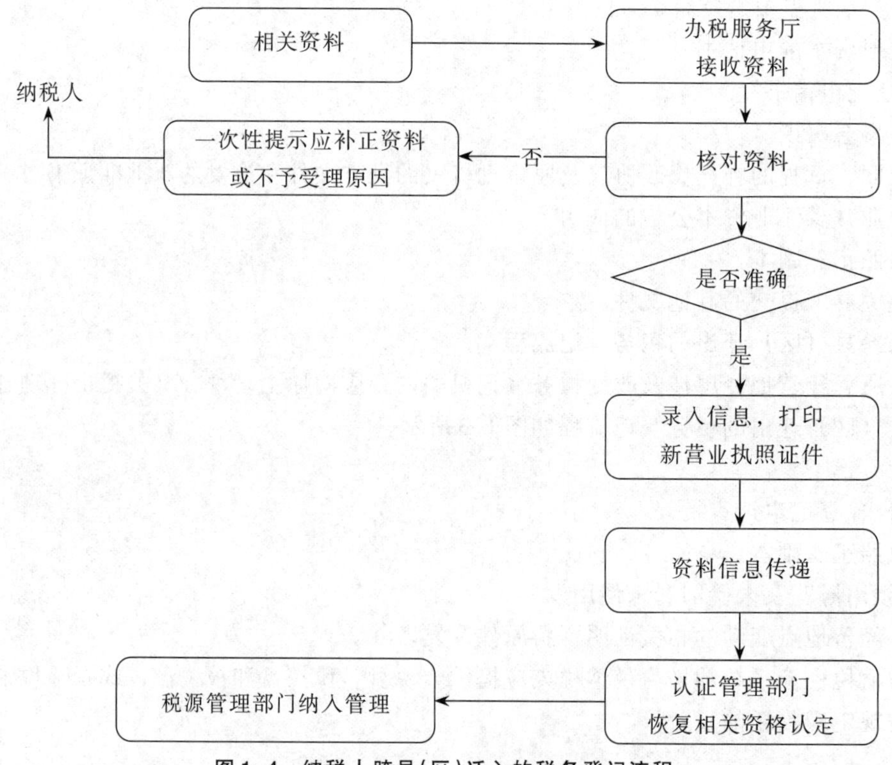

图1-4　纳税人跨县(区)迁入的税务登记流程

报送资料：

（1）迁出地税务机关出具的“税务事项通知书”。

（2）“增值税一般纳税人迁移进项税额转移单”（增值税一般纳税人提供）。

五、注销税务登记的基本流程

已实行“一照一码”登记模式的纳税人向市场监督管理等部门申请办理注销登记前，须先向税务机关申报清税。清税完毕后，税务机关向纳税人出具“清税证明”，纳税人持“清税证明”到原登记机关办理注销。

注销税务登记的基本流程如图1-5所示。

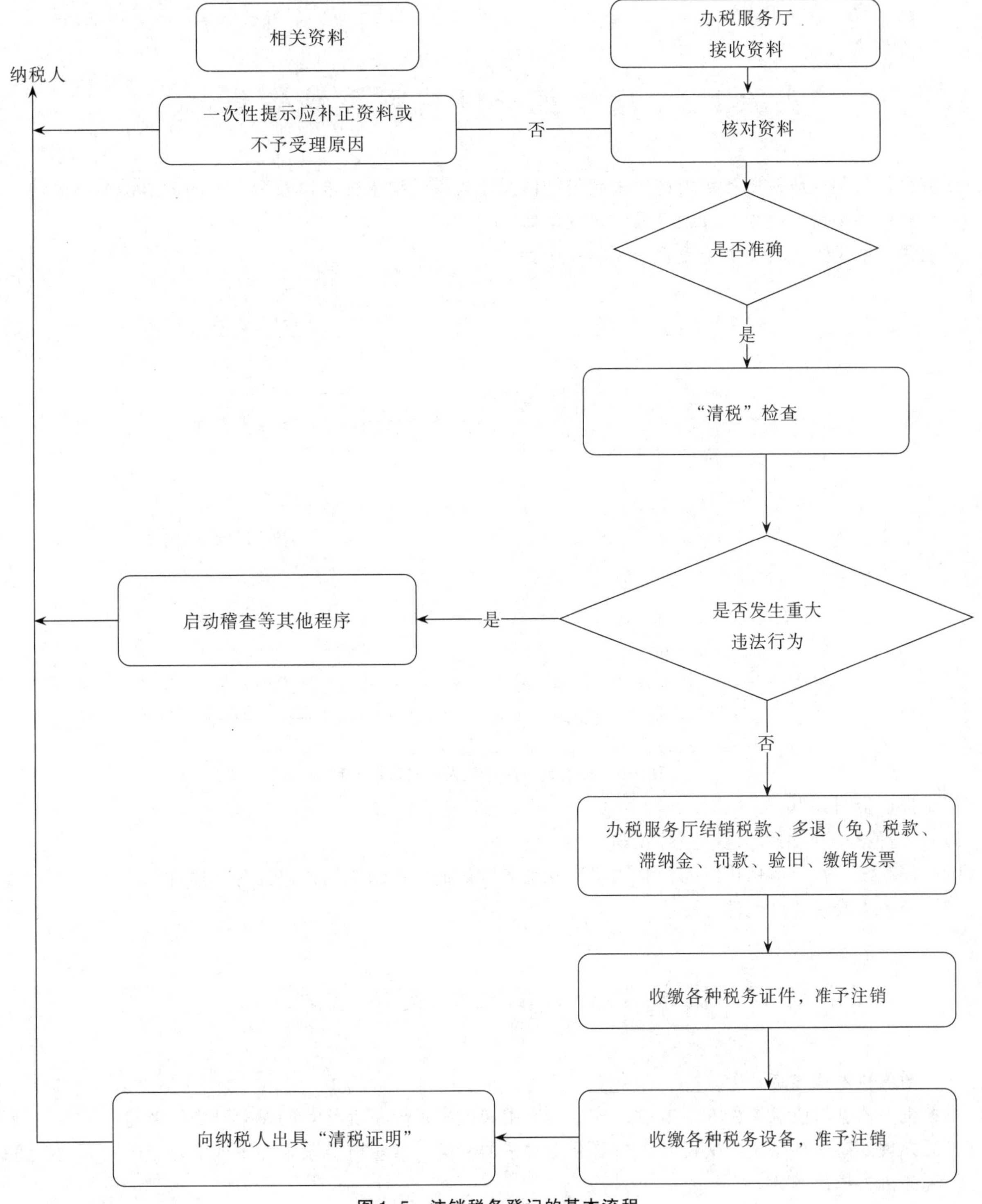

图1-5　注销税务登记的基本流程

相关报送资料如下：

（1）“清税申报表”2份。

（2）经办人身份证件原件。

（3）上级主管、董事会决议注销的，应提供上级主管部门批复文件或董事会决议复印件1份（已实行实名办税的纳税人，可取消报送）。

（4）境外企业在中国境内承包建筑、安装、装配、勘探工程和提供劳务的，应提供项目完工证明、验收证明等相关文件复印件1份（已实行实名办税的纳税人，可取消报送）。

（5）已领取发票领用簿的纳税人，应提供“发票领用簿”（已实行实名办税的纳税人，可取消报送）。

实验1.2 增值税一般纳税人资格登记

年应税销售额或应税服务年销售额未超过增值税小规模纳税人标准以及新开业的增值税纳税人，可以向主管税务机关申请增值税一般纳税人资格登记。

增值税一般纳税人资格登记流程如图1-6所示。

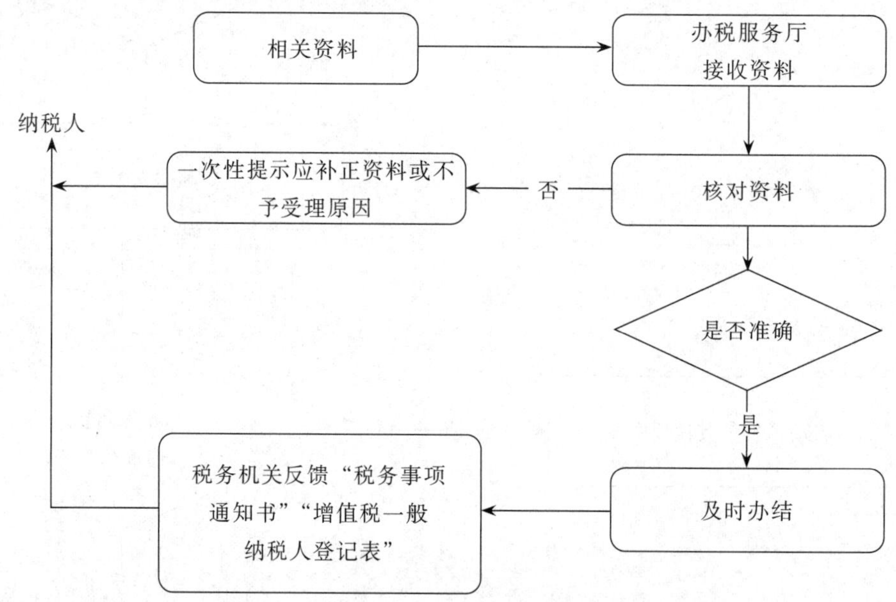

图1-6 增值税一般纳税人资格登记流程

相关报送资料如下：

（1）“增值税一般纳税人登记表”2份。

（2）加载统一社会信用代码的营业执照（或税务登记证、组织机构代码证等）原件。

（3）经办人身份证件原件。

实验1.3 增值税发票管理

一、增值税发票核定

税务机关依据增值税纳税人的申请，核定其使用增值税税控系统开具的发票种类、数量、开票限额等事宜。已办理发票票种核定的纳税人，当前领用发票的种类、数量或开票限额不能满足经营需要的，可以向主管税务机关提出调整。

增值税发票票种核定的流程如图 1-7 所示。

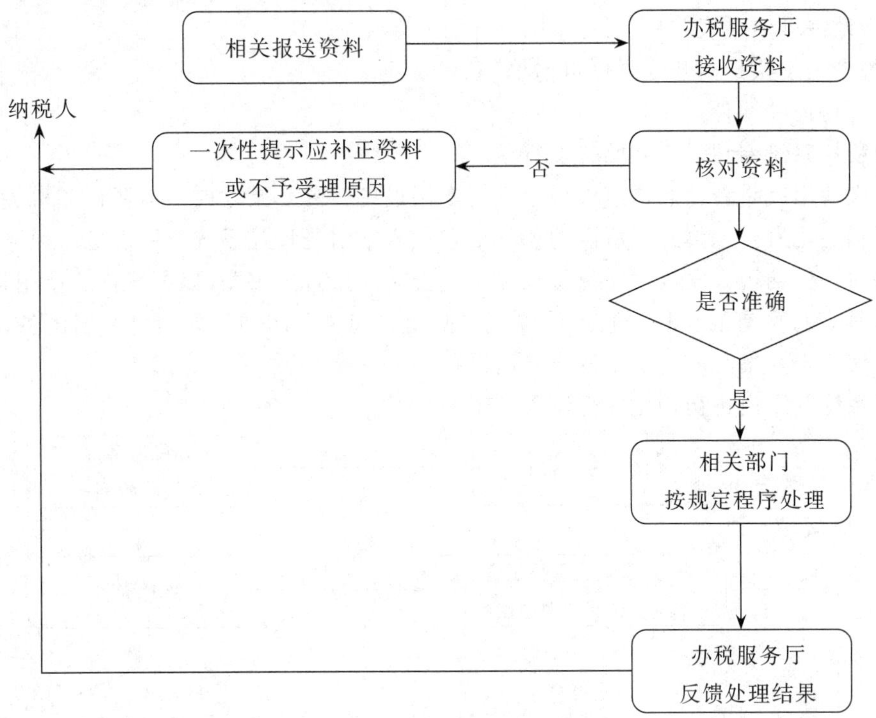

图 1-7 增值税发票票种核定的流程

相关报送资料如下：

(1)“纳税人领用发票票种核定表”1份。

(2) 加载统一社会信用代码的营业执照（或税务登记证、组织机构代码证等）原件。

(3) 经办人身份证件原件。

二、增值税专用发票（增值税税控系统）最高开票限额审批

税务机关依据增值税一般纳税人的申请，审批其开具增值税专用发票的最高限额。

增值税专用发票最高开票限额审批流程如图 1-8 所示。

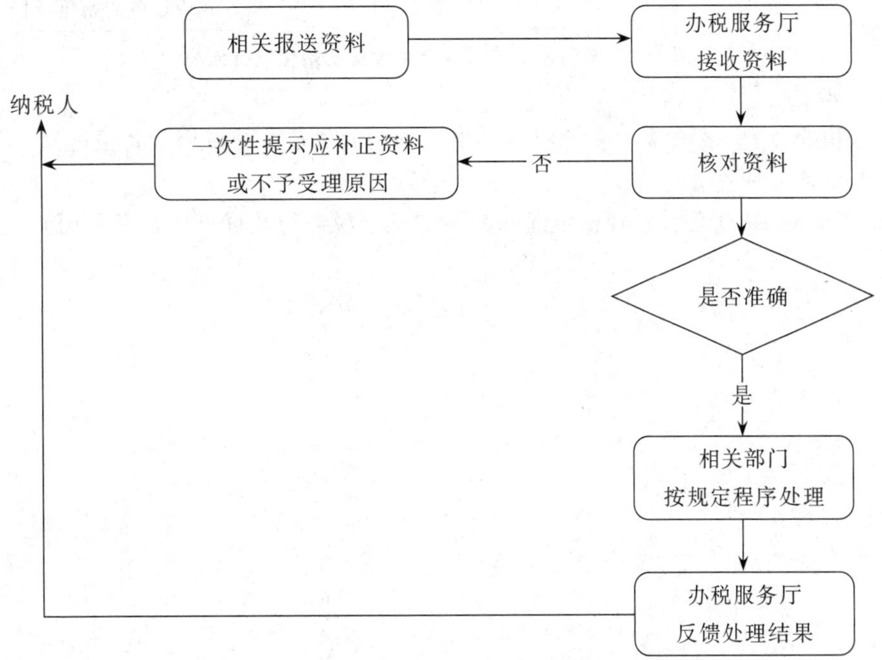

图 1-8 增值税专用发票最高开票限额审批流程

相关报送资料如下：

（1）“税务行政许可申请表”1份。

（2）“增值税专用发票最高开票限额申请单”2份。

（3）经办人身份证件原件。

三、增值税税控系统专用设备初始化发行

纳税人在初次使用或重新领购增值税税控系统专用设备开具发票之前，需要税务机关对增值税税控系统专用设备进行初始化发行，将开票所需的各种信息载入增值税税控系统专用设备。税务机关向需使用金税盘、税控盘的每一位纳税人发放“增值税税控系统安装使用告知书”（以下简称“使用告知书”），告知纳税人有关政策规定和享有的权利。服务单位凭“使用告知书”向纳税人销售专用设备，提供售后服务，严禁向未持有“使用告知书”的纳税人发售专用设备。

增值税税控系统专用设备初始化发行流程如图1-9所示。

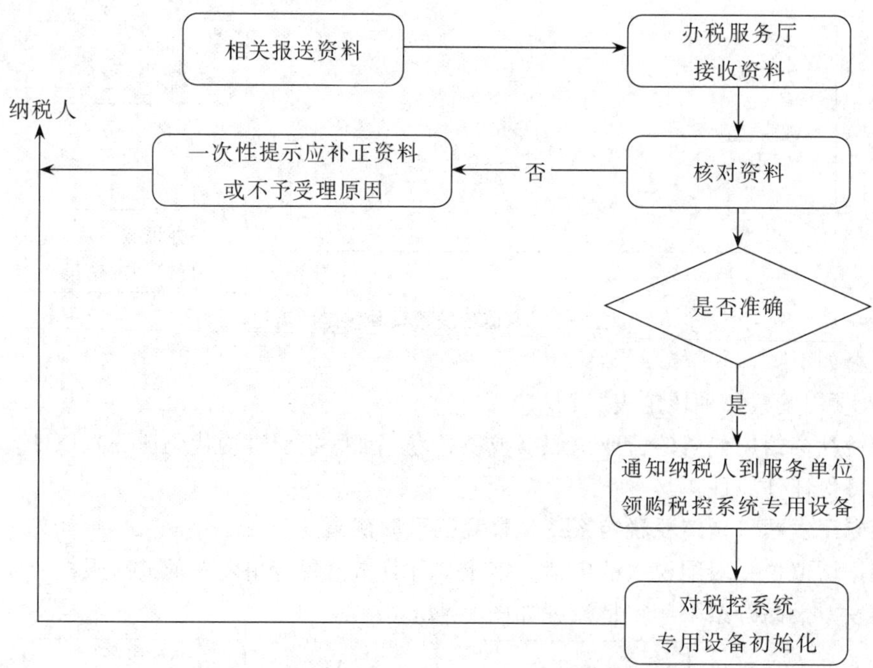

图1-9 增值税税控系统专用设备初始化发行流程

相关报送资料如下：

（1）金税盘（税控盘）、报税盘、税务Ukey（根据领购的税控系统专用设备报送）。

（2）经办人身份证件原件。

（3）“税务事项通知书”（发票票种核定通知）或“准予税务行政许可决定书”1份。

实验2　增值税会计模拟实验

【思政课堂】

跨省系列虚开发票案

2022年1月，陕西省延安市税务局与公安部门密切配合，成立税警联合专案组，经过深入调查，成功破获跨省系列虚开增值税专用发票案，捣毁犯罪窝点5个，抓获犯罪嫌疑人11名。

税警联合专案组先后赴山西、河北、北京、上海、浙江、湖南、新疆等15个省（区、市）90多个市县，深入200余家公司调查取证。经查，犯罪嫌疑人利用空壳公司，制造虚假购销合同，虚开增值税专用发票5 162份，价税合计金额近10亿元。目前，案件已移交检察机关审查起诉。

陕西省延安市税务局有关负责人表示，税务部门将充分发挥税务、公安、检察、海关、人民银行、外汇管理六部门联合打击涉税违法犯罪行为的工作机制作用，进一步加大对虚开发票骗税违法犯罪行为的常态化精准打击力度，为经济社会发展营造良好的税收环境。

资料来源：国家税务总局. 陕西延安市税务部门依法查处跨省系列虚开发票案［EB/OL］.［2022-01-26］. http：//www.chinatax.gov.cn/chinatax/n810219/c102025/c5172442/content.html，有删节。

请思考：

为避免涉税风险，企业财务人员应该拒收哪些发票？

一、实验目的

1. 掌握增值税及附加税费金额的计算。

2. 能根据经济业务准确进行增值税和附加税费的核算。

3. 掌握增值税及附加税费纳税申报表的填制方法。

二、实验要求

1.根据涉税经济业务的原始凭证进行账务处理，填制记账凭证。

2.根据原始凭证、记账凭证，登记“应交税费——应交增值税”“应交税费——未交增值税”明细账。

3.汇总计算本期的销项税额、进项税额、进项税额转出，计算本期应缴纳的增值税税额，并根据本期应缴纳的增值税税额计算相应的附加税费金额。

4.根据相关资料，填制增值税及附加税费申报表及附列资料。

三、实验资料

1.企业基本信息

企业名称：烟台鸿泰保温瓶有限公司

经营地址：烟台市滨海路99号

经营范围：生产和销售保温瓶

经济性质：股份有限公司

电　　话：0535-86900991

开户银行：中国工商银行山东烟台滨海路支行

账　　号：6811345600002233689

纳税人识别号：913706E70033778899

主管税务机关：国家税务总局山东省烟台市莱山区税务局

注册资本：5 000万元人民币

法定代表人：朱辉

财务主管：孙向明

会计：徐文达

出纳：李顺达

2.企业2022年6月增值税涉税业务相关资料

烟台鸿泰保温瓶有限公司为增值税一般纳税人，以一个月为纳税期限，适用的增值税税率为13%，上期留抵税额为0，上月有应交未交的增值税税额77 000元，执行《企业会计准则》，企业存货采用实际成本计价核算。6月份发生的与增值税相关的经济业务如下：

（1）6月2日，向烟台永康铝业制造有限公司购入生产所用材料铝合金，材料已验收入库。（原始凭证代号：2–1–1、2–1–2、2–1–3、2–1–4、2–1–5）

（2）6月3日，向济南新天地百货公司销售保温瓶，开具增值税专用发票，办妥发货手续并为济南新天地百货公司代垫了运费。（原始凭证代号：2–2–1、2–2–2、2–2–3、2–2–4、2–2–5）

（3）6月4日，公司某免税在建工程项目领用铝片，该批铝片是公司上月购入的，购入时已作进项税额抵扣。（原始凭证代号：2–3）

【知识链接2–1】

下列业务进项税额不得从销项税额中抵扣：

①用于简易计税方法项目、免征增值税项目、集体福利或个人消费的购进货物、应税劳务、应税服务、无形资产和不动产。

②非正常损失的购进货物及相关的应税劳务和交通运输业服务。

③非正常损失的在产品、产成品所耗用的购进货物（不包括固定资产）、应税劳务或交通运输业服务。

④非正常损失的不动产，以及该不动产所耗用的购进货物、设计服务和建筑服务。

⑤非正常损失的不动产在建工程所耗用的购进货物、设计服务和建筑服务。

⑥购进的贷款服务、餐饮服务、居民日常服务和娱乐服务。

⑦财政部和国家税务总局规定的其他情形。

（4）6月5日，收到中国工商银行划账通知，支付烟台市自来水公司水费。（原始凭证代号：2–4–1、2–4–2、2–4–3）

（5）6月6日，公司将自产的一批A型保温瓶作为福利发放给职工。（原始凭证代号：2–5–1、2–5–2）

【知识链接2–2】

视同销售货物计税依据按下列顺序依次确定：

①按纳税人最近时期同类货物或同类应税服务的平均销售价格确定。

②按其他纳税人最近时期同类货物或同类应税服务的平均销售价格确定。

③按组成计税价格确定。组成计税价格=成本×（1+成本利润率）+消费税税额。其中非消费税应税产品的成本利润率为10%，消费税应税产品的成本利润率由国家税务总局统一规定。

（6）6月7日，向上海永恒瓶胆厂购入大号瓶胆，取得供货方开具的增值税专用发票和运输单位开具的增值税专用发票，货款已付。（原始凭证代号：2–6–1、2–6–2、2–6–3、2–6–4、2–6–5、2–6–6、2–6–7、2–6–8、2–6–9）

（7）6月7日，济南新天地百货公司声称3日从本公司购入的A型保温瓶部分有瑕疵，要求退货，经公司业务人员认定同意给予退货，并根据相关证明开具红字专用发票。（原始凭证代号：2–7）

【知识链接2–3】

红字增值税专用发票开具

①购买方、销售方未作账务处理：购买方只需将原发票联和抵扣联退还给销售方。销售方在原发票联、抵扣联、记账联上注明“作废”字样即可，不开具红字专用发票。

②购买方未作账务处理，销售方已作账务处理：购买方需将原发票联和抵扣联退还给销售方。销售方凭退回的发票开具相同内容的红字专用发票。

③购买方、销售方均已作账务处理：购买方不能退回原发票联和抵扣联。销售方在取得购买方主管税务机关证明单后，再开具相同内容的红字专用发票。

（8）6月9日，从烟台科瑞冲床有限公司购入一台冲床。（原始凭证代号：2-8-1、2-8-2、2-8-3、2-8-4、2-8-5）

（9）6月12日，向烟台永旺有限公司销售A型保温瓶，款项已收到，货物购买方自提。（原始凭证代号：2-9-1、2-9-2）

（10）6月14日，缴纳上月应交未交的增值税。（原始凭证代号：2-10-1、2-10-2）

（11）6月16日，签发支票一张，支付烟台富盛机电有限公司6吨铝片的加工费和增值税税款，取得对方开具的增值税专用发票。（原始凭证代号：2-11-1、2-11-2、2-11-3、2-11-4）

（12）6月17日，银行转来"托收承付结算部分拒绝付款理由书"。（原始凭证代号：2-12）

（13）6月19日，向烟台康达有限公司销售生产用多余材料，款项已收到。（原始凭证代号：2-13-1、2-13-2）

（14）6月20日，向济南顺达有限公司销售B型保温瓶，办妥托运手续，运费由本公司承担。（原始凭证代号：2-14-1、2-14-2、2-14-3、2-14-4、2-14-5）

（15）6月25日，收到本月20日向济南顺达有限公司销售B型保温瓶的货款。（原始凭证代号：2-15）

（16）6月26日，公司将2013年12月购入的一台生产设备对外销售，该设备原值为200 000元，已计提折旧120 000元，款项已收到。（原始凭证代号：2-16-1、2-16-2、2-16-3、2-16-4）

（17）6月28日，支付烟台海源广告策划有限公司广告宣传费。（原始凭证代号：2-17-1、2-17-2、2-17-3、2-17-4）

（18）6月30日，仓库送来存货盘点报告单。（原始凭证代号：2-18）

（19）6月30日，公司财务人员将本月应交未交的增值税转出。（原始凭证代号：2-19）

（20）6月30日，公司财务人员计提本月附加税费。（原始凭证代号：2-20）

要求：

（1）根据上述经济业务，编制附表2-1"应交税费——未交增值税"明细账、附表2-2"应交税费——应交增值税"明细账。

（2）根据上述经济业务填制增值税及附加税费纳税申报表及附列资料，见附表2-3至附表2-6。

2-1-1

3700214130 **山东增值税专用发票** No 08667788 3700214130 08667788

抵扣联

开票日期：2022年06月02日

购买方	名　　称：烟台鸿泰保温瓶有限公司 纳税人识别号：913706E70033778899 地 址、电 话：烟台市滨海路99号0535-86900991 开户行及账号：工行烟台滨海路支行6811345600002233689				密码区	1<6<6>**580331/373>67<599<< ++8+505>4-<+>/0<38+70/420/> 09>>+-*93+>6401/3/4541*2<-3 -*2+88++5/320+6+*<2<>0+19<7		
货物或应税劳务、服务名称	规格型号	单位	数量	单价	金额	税率	税额	
*有色金属合金*铝合金		吨	6	13500.00	81000.00	13%	10530.00	
合　　计					¥81000.00		¥10530.00	
价税合计（大写）	⊗玖万壹仟伍佰叁拾圆整				（小写）¥91530.00			
销售方	名　　称：烟台永康铝业制造有限公司 纳税人识别号：913706221111220022 地 址、电 话：烟台市滨海路100号0535-86900891 开户行及账号：工行烟台滨海路支行6800334400005566996				备注	烟台永康铝业制造有限公司 913706221111220022 发票专用章		

收款人：徐飞　　复核：张达　　开票人：徐飞　　销售方：（章）

第二联：抵扣联　购买方抵扣凭证

2-1-2

3700214130 **山东增值税专用发票** No 08667788 3700214130 08667788

发票联

开票日期：2022年06月02日

购买方	名　　称：烟台鸿泰保温瓶有限公司 纳税人识别号：913706E70033778899 地 址、电 话：烟台市滨海路99号0535-86900991 开户行及账号：工行烟台滨海路支行6811345600002233689				密码区	1<6<6>**580331/373>67<599<< ++8+505>4-<+>/0<38+70/420/> 09>>+-*93+>6401/3/4541*2<-3 -*2+88++5/320+6+*<2<>0+19<7		
货物或应税劳务、服务名称	规格型号	单位	数量	单价	金额	税率	税额	
*有色金属合金*铝合金		吨	6	13500.00	81000.00	13%	10530.00	
合　　计					¥81000.00		¥10530.00	
价税合计（大写）	⊗玖万壹仟伍佰叁拾圆整				（小写）¥91530.00			
销售方	名　　称：烟台永康铝业制造有限公司 纳税人识别号：913706221111220022 地 址、电 话：烟台市滨海路100号0535-86900891 开户行及账号：工行烟台滨海路支行6800334400005566996				备注	烟台永康铝业制造有限公司 913706221111220022 发票专用章		

收款人：徐飞　　复核：张达　　开票人：徐飞　　销售方：（章）

第三联：发票联　购买方记账凭证

2-1-3

中国工商银行
转账支票存根
10201110
49860630

附加信息

出票日期	2022 年 06 月 02 日
收款人：	烟台永康铝业制造有限公司
金　额：	¥91 530.00
用　途：	付材料款

单位主管 孙向明　会计 徐文达

烟台证券印制有限公司·2021年印制

2-1-4

中国工商银行　网上银行电子回单

电子回单号码：0020-2908-4777-1122　　打印日期：2022年06月02日

付款人	户　名	烟台鸿泰保温瓶有限公司	收款人	户　名	烟台永康铝业制造有限公司
	账　号	6811345600002233689		账　号	6800334400005566996
	开户银行	烟台滨海路支行		开户银行	烟台滨海路支行
金额		¥91 530.00	金额（大写）		人民币 玖万壹仟伍佰叁拾圆整
摘要		材料款	业务（产品）种类		转账
用途		材料款			
交易流水号		71237796	时间戳		2022-06-02-10.37.33 379623
中国工商银行 电子回单 专用章		备注：			
		验证码：			
记账网点		00307	记账柜员 00036	记账日期	2022年06月02日

重要提示：

1.如果您是收款方，青岛工行网站www.icbc.com电子回单验证处进行回单验证。2.本回单不作为收款方发货依据，并请勿重复记账。3.您可以选择发送邮件，将此电子回单发送给指定的接收人。

2-1-5

收 料 单

供货单位： 烟台永康铝业制造有限公司

发票号码： 08667788

2022年06月02日 No. 209701

材料类别	材料名称	规格型号	计量单位	数量		实际成本（元）				合计（元）
				应收	实收	买价		运杂费	其他	
						单价	金额			
有色金属合金	铝合金		吨	6	6	13 500.00	81 000.00	—	—	81 000.00
合计				6	6		81 000.00			¥81 000.00

第二联：记账联

采购员：张全 检验员：李丽 保管员：王林

2-2-1

代垫运费清单

日期：2022 年 06 月 03 日

单位名称	济南新天地百货公司	代垫费用项目	运费
金额	人民币（大写）壹仟圆整 ¥1 000.00		
内容：保温瓶运费			附单据
			2 张
备注：			

2-2-2

中国工商银行
转账支票存根
10201110
49860631

烟台证券印制有限公司·2021年印制

附加信息

出票日期	2022 年 06 月 03 日
收款人：	烟台货物运输公司
金　额：	¥1 000.00
用　途：	运费

单位主管 孙向明　会计 徐文达

2-2-3

中国工商银行　网上银行电子回单

电子回单号码：0020-2906-4878-1122　　打印日期：2022年06月03日

付款人	户　名	烟台鸿泰保温瓶有限公司	收款人	户　名	烟台货物运输公司
	账　号	6811345600002233689		账　号	6800567800005566321
	开户银行	烟台滨海路支行		开户银行	烟台迎春大街分理处
金额		¥1 000.00	金额（大写）		人民币 壹仟圆整
摘要		运费	业务（产品）种类		转账
用途		运费			
交易流水号		61236920	时间戳		2022-06-03-09.39.33 379623
中国工商银行 电子回单 专用章		备注：			
		验证码：			
记账网点		00307	记账柜员	00037	记账日期 2022年06月03日

重要提示：

1.如果您是收款方，青岛工行网站www.icbc.com电子回单验证处进行回单验证。2.本回单不作为收款方发货依据，并请勿重复记账。3.您可以选择发送邮件，将此电子回单发送给指定的接收人。

2-2-4

3700214130 **山东增值税专用发票** No 03211001 3700214130 03211001

此联不作报销、扣税凭证使用

开票日期：2022年06月03日

购买方	名称：济南新天地百货公司 纳税人识别号：913701034686257811 地址、电话：济南市二环南路78号0531-56891234 开户行及账号：工行济南二环南路支行6837064319400001781	密码区	2<7<6>**584134/373>67<599<< ++8+787>4-<+>/0<38+70/420/> 09>>+-*93+>6401/3/4541*2<-3 -*2+88++5/320+6+*<2<>0+19<8

货物或应税劳务、服务名称	规格型号	单位	数量	单价	金额	税率	税额
*非金属矿物制品*保温瓶	A型	个	400	300.00	120000.00	13%	15600.00
*非金属矿物制品*保温瓶	B型	个	100	100.00	10000.00	13%	1300.00
合计					¥130000.00		¥16900.00
价税合计（大写）	⊗壹拾肆万陆仟玖佰圆整				（小写）¥146900.00		

销售方	名称：烟台鸿泰保温瓶有限公司 纳税人识别号：913706E70033778899 地址、电话：烟台市滨海路99号0535-86900991 开户行及账号：工行烟台滨海路支行6811345600002233689	备注	（印章：烟台鸿泰保温瓶有限公司 913706E70033778899 发票专用章）

收款人：李顺达　　复核：徐文达　　开票人：李顺达　　销售方：（章）

第一联：记账联 销售方记账凭证

2-2-5

托收凭证（受理回单） 1

委托日期：2022年 06 月 03 日

业务类型	委托收款（□邮划、☑电划）			托收承付（□邮划、☑电划）		
付款人	全称	济南新天地百货公司	收款人	全称	烟台鸿泰保温瓶有限公司	
	账号	6837064319400001781		账号	6811345600002233689	
	地址	山东省济南市县 开户行 工行济南二环南路支行		地址	山东省烟台市县 开户行 工行烟台滨海路支行	
金额	人民币（大写）	壹拾肆万柒仟玖佰圆整			千百十万千百十元角分	¥ 1 4 7 9 0 0 0 0
款项内容	货款	托收凭据名称		附寄单证张数	1张	
商品发运情况	已发货			合同名称号码	购销合同 20-1899	
备注： 复核　记账		款项收妥日期 年 月 日		收款人开户银行签章（印章：工行烟台滨海路支行 2022.06.03 结算） 年 月 日		

此联作收款人开户银行给收款人的受理回单

2-3

领料单

仓库：2号仓库　　　　2022 年 06 月 04 日　　　　领料单编号：2-001

材料类别	材料名称	规格型号	计量单位	数量		实际价格（元）	
				请领	实发	单价	金额
	铝片		吨	3	3	10 000.00	30 000.00
合计				3	3		30 000.00
用途	用于免税在建工程项目			领料部门		发料部门	
				负责人	领料人	核准人	发料人
				张明	李艳	朱媛媛	孙权

第三联 交财务

2-4-1

3700213130　**山东增值税专用发票**　No 03120016　3700213130 03120016

抵扣联

开票日期：2022年06月05日

购买方	名　　称：烟台鸿泰保温瓶有限公司 纳税人识别号：913706E70033778899 地 址、电 话：烟台市滨海路99号0535-86900991 开户行及账号：工行烟台滨海路支行6811345600002233689	密码区	1<6<6>**580331/373>67<599<< ++8+505>4-<+>/0<38+70/420/> 09>>+-*93+>6401/3/4541*2<-3 -*2+88++5/320+6+*<2<>0+19<7

货物或应税劳务、服务名称	规格型号	单位	数　量	单　价	金　额	税 率	税　额
*水冰雪*自来水		吨	7500	5.00	37500.00	9%	3375.00
合　　计					¥37500.00		¥3375.00
价税合计（大写）	⊗肆万零捌佰柒拾伍圆整				（小写）¥40875.00		

销售方	名　　称：烟台市自来水公司 纳税人识别号：913706778888770022 地 址、电 话：烟台市莱山区迎春大街352号0535-69012341 开户行及账号：工行烟台迎春大街分理处6800334400005566121	备注	烟台市自来水公司 913706778888770022 发票专用章

收款人：赵静　　复核：孙晨　　开票人：赵静　　销售方：（章）

第二联：抵扣联 购买方抵扣凭证

2-4-2

3700213130 **山东增值税专用发票** No 03120016 3700213130 03120016

发票联

开票日期：2022年06月05日

购买方	名　　称：烟台鸿泰保温瓶有限公司 纳税人识别号：913706E70033778899 地 址、电 话：烟台市滨海路99号0535-86900991 开户行及账号：工行烟台滨海路支行6811345600002233689	密码区	1<6<6>**580331/373>67<599<< ++8+505>4-<+>/0<38+70/420/> 09>>+-*93+>6401/3/4541*2<-3 -*2+88++5/320+6+*<2<>0+19<7

货物或应税劳务、服务名称	规格型号	单位	数　量	单 价	金　额	税 率	税　额
*水冰雪*自来水		吨	7500	5.00	37500.00	9%	3375.00
合　　计					¥37500.00		¥3375.00
价税合计（大写）	⊗肆万零捌佰柒拾伍圆整				（小写）¥40875.00		

销售方	名　　称：烟台市自来水公司 纳税人识别号：913706778888770022 地 址、电 话：烟台市莱山区迎春大街352号0535-69012341 开户行及账号：工行烟台迎春大街分理处6800334400005566121	备注	

第三联：发票联　购买方记账凭证

收款人：赵静　　复核：孙晨　　开票人：赵静　　销售方：（章）

2-4-3

中国工商银行　网上银行电子回单

电子回单号码：0020-2908-4896-1122　　打印日期：2022年06月05日

付款人	户　名	烟台鸿泰保温瓶有限公司	收款人	户　名	烟台市自来水公司
	账　号	6811345600002233689		账　号	6800334400005566121
	开户银行	烟台滨海路支行		开户银行	烟台迎春大街分理处
金额		¥40 875.00	金额（大写）		人民币 肆万零捌佰柒拾伍圆整
摘要		水费	业务（产品）种类		转账
用途					
交易流水号		81238743	时间戳		2022-06-05-14.23.35 389645
		备注：			
		验证码：			
记账网点		00307	记账柜员	00037	记账日期 2022年06月05日

重要提示：

1.如果您是收款方，青岛工行网站www.icbc.com电子回单验证处进行回单验证。2.本回单不作为收款方发货依据，并请勿重复记账。3.您可以选择发送邮件，将此电子回单发送给指定的接收人。

2-5-1

A型保温瓶领用登记表

2022年06月06日

部门	数量	领用人	备注
行政管理部门	20	张丽	凡公司在职人员一人一个
人事部门	5	王祥	
财务处	5	张东	
一车间	150	张达	
二车间	100	郑丽	
销售部门	20	宋娜	
合计	300		

2-5-2

发货单

2022年06月06日

品名	单位	数量		成本（元）	
		请领	实领	单位成本	金额
A型保温瓶	个	300	300	210.00	63 000.00
备注					

2-6-1

3100211130 **上海增值税专用发票** No 31623018 3100211130 31623018

抵扣联

开票日期：2022年06月07日

购买方	名 称：烟台鸿泰保温瓶有限公司 纳税人识别号：913706E70033778899 地 址、电 话：烟台市滨海路99号0535-86900991 开户行及账号：工行烟台滨海路支行6811345600002233689	密码区	6<1<6>**580331/373>67<123<< ++8*789>4-<+>/0<38+70/420/> 09>>+-*93+>7801/3/4541*2<-3 -*2+88++5/320+6+*<2<>0+19<7

货物或应税劳务、服务名称	规格型号	单位	数 量	单 价	金 额	税 率	税 额
*非金属矿物制品*瓶胆	大号	个	4000	12.00	48000.00	13%	6240.00
合 计					¥48000.00		¥6240.00
价税合计（大写）	⊗伍万肆仟贰佰肆拾圆整				（小写）¥54240.00		

销售方	名 称：上海永恒瓶胆厂 纳税人识别号：310007666612348899 地 址、电 话：上海市人民路100号021-52570756 开户行及账号：工行上海分行0201000056010078	备注	上海永恒瓶胆厂 310007666612348899 发票专用章

收款人：王晓　　复核：杨文　　开票人：王晓　　销售方：（章）

第二联：抵扣联 购买方抵扣凭证

2-6-2

3100211130

上海增值税专用发票

发票联

No 31623018　3100211130
31623018

开票日期：2022年06月07日

购买方	名　　称：烟台鸿泰保温瓶有限公司 纳税人识别号：913706E70033778899 地 址、电 话：烟台市滨海路99号0535-86900991 开户行及账号：工行烟台滨海路支行6811345600002233689	密码区	6<1<6>**580331/373>67<123<< ++8*789>4-<+>/0<38+70/420/> 09>>+-*93+>7801/3/4541*2<-3 -*2+88++5/320+6+*<2<>0+19<7

货物或应税劳务、服务名称	规格型号	单位	数　量	单 价	金　额	税 率	税　额
*非金属矿物制品*瓶胆	大号	个	4000	12.00	48000.00	13%	6240.00
合　　计					¥48000.00		¥6240.00
价税合计（大写）	⊗伍万肆仟贰佰肆拾圆整				（小写）¥54240.00		

销售方	名　　称：上海永恒瓶胆厂 纳税人识别号：310007666612348899 地 址、电 话：上海市人民路100号021-52570756 开户行及账号：工行上海分行0201000056010078	备注	

收款人：王晓　　复核：杨文　　开票人：王晓　　销售方：（章）

第三联：发票联　购买方记账凭证

2-6-3

3100213130

上海增值税专用发票

抵扣联

No 00001278　3100213130
00001278

开票日期：2022年06月07日

购买方	名　　称：烟台鸿泰保温瓶有限公司 纳税人识别号：913706E70033778899 地 址、电 话：烟台市滨海路99号0535-86900991 开户行及账号：工行烟台滨海路支行6811345600002233689	密码区	0//1-94+*4075921/373>67<123<< +8*756>9-<+>/0<23675/218089/> 06//+-*93+>7801/3/4541*2<-3/ **2+88++5/320+6+*<2<>0+19<7+

货物或应税劳务、服务名称	规格型号	单位	数　量	单 价	金　额	税 率	税　额
*运输服务*运费					3000.00	9%	270.00
合　　计					¥3000.00		¥270.00
价税合计（大写）	⊗叁仟贰佰柒拾圆整				（小写）¥3270.00		

销售方	名　　称：上海货物运输公司 纳税人识别号：310007123127891163 地 址、电 话：上海市人民路89号021-52570654 开户行及账号：工行上海分行0201000056011123	备注	起始地：上海　到达地：烟台 货物信息：大号瓶胆 车牌号：沪A36777

收款人：张宇　　复核：刘平　　开票人：张宇　　销售方：（章）

第二联：抵扣联　购买方抵扣凭证

2-6-4

3100213130　　**上海增值税专用发票**　　No 00001278　3100213130 00001278

发票联

开票日期：2022年06月07日

购买方	名　　称：烟台鸿泰保温瓶有限公司 纳税人识别号：913706E70033778899 地 址、电 话：烟台市滨海路99号0535-86900991 开户行及账号：工行烟台滨海路支行6811345600002233689	密码区	0//1-94+*4075921/373>67<123<< +8*756>9-<+>/0<23675/218089/> 06//+-*93+>7801/3/4541*2<-3/ **2+88++5/320+6+*<2<>0+19<7+

货物或应税劳务、服务名称	规格型号	单位	数　量	单　价	金　额	税率	税　额
*运输服务*运费					3000.00	9%	270.00
合　　计					¥3000.00		¥270.00
价税合计（大写）	⊗叁仟贰佰柒拾圆整				（小写）¥3270.00		

销售方	名　　称：上海货物运输公司 纳税人识别号：310007123127891163 地 址、电 话：上海市人民路89号021-52570654 开户行及账号：工行上海分行0201000056011123	备注	起始地：上海　　到达地：烟台 货物信息：大号瓶胆 车牌号：沪A36777

收款人：张宇　　复核：刘平　　开票人：张宇　　销售方：（章）

（印章：上海货物运输公司 310007123127891163 发票专用章）

第三联：发票联　购买方记账凭证

2-6-5

中国工商银行

转账支票存根

10201110

49860632

烟台证券印制有限公司·2021年印制

附加信息

出票日期	2022 年 06 月 07 日
收款人：	上海货物运输公司
金　额：	¥3 270.00
用　途：	运费

单位主管 孙向明　会计 徐文达

2-6-6

中国工商银行 网上银行电子回单

电子回单号码：0020-2906-4890-1122　　　　打印日期：2022年06月07日

付款人	户 名	烟台鸿泰保温瓶有限公司	收款人	户 名	上海货物运输公司
	账 号	6811345600002233689		账 号	0201000056011123
	开户银行	烟台滨海路支行		开户银行	上海分行
金额		¥3 270.00	金额（大写）		人民币 叁仟贰佰柒拾圆整
摘要		运费	业务（产品）种类		转账
用途		运费			
交易流水号		81236934	时间戳		2022-06-07-10.37.13 389745
中国工商银行 电子回单 专用章		备注：			
		验证码：			
记账网点	00307	记账柜员	00037	记账日期	2022年06月07日

重要提示：

1.如果您是收款方，青岛工行网站www.icbc.com电子回单验证处进行回单验证。2.本回单不作为收款方发货依据，并请勿重复记账。3.您可以选择发送邮件，将此电子回单发送给指定的接收人。

2-6-7

中国工商银行
转账支票存根
10201110
49860633

烟台证券印制有限公司·2021年印制

附加信息

出票日期　2022 年 06 月 07 日
收款人：　上海永恒瓶胆厂
金　额：　¥54 240.00
用　途：　材料款

单位主管 孙向明　会计 徐文达

2-6-8

中国工商银行　网上银行电子回单

电子回单号码：0020-2906-4896-1122　　打印日期：2022年06月07日

付款人	户　名	烟台鸿泰保温瓶有限公司	收款人	户　名	上海永恒瓶胆厂
	账　号	6811345600002233689		账　号	0201000056010078
	开户银行	烟台滨海路支行		开户银行	上海分行
金额		¥54 240.00	金额（大写）		人民币 伍万肆仟贰佰肆拾圆整
摘要		材料款	业务（产品）种类		转账
用途		材料款			
交易流水号		81236956	时间戳		2022-06-07-13.37.13 389745
中国工商银行 电子回单 专用章		备注：			
		验证码：			
记账网点	00307	记账柜员	00037	记账日期	2022年06月07日

重要提示：

1.如果您是收款方，青岛工行网站www.icbc.com电子回单验证处进行回单验证。2.本回单不作为收款方发货依据，并请勿重复记账。3.您可以选择发送邮件，将此电子回单发送给指定的接收人。

2-6-9

收 料 单

供货单位：　上海永恒瓶胆厂

发票号码：　31623018、00001278

2022年06月07日　　No. 209702

材料类别	材料名称	规格型号	计量单位	数量		实际成本（元）				合计（元）
				应收	实收	买价		运杂费	其他	
						单价	金额			
	瓶胆	大号	个	4 000	4 000	12.00	48 000.00	3 000.00		51 000.00
合计				4 000	4 000		48 000.00	3 000.00		¥51 000.00

第二联：记账联

采购员：张全　　检验员：李丽　　保管员：王林

2-7

3700214130 山东增值税专用发票 No 03211002 3700214130 03211002

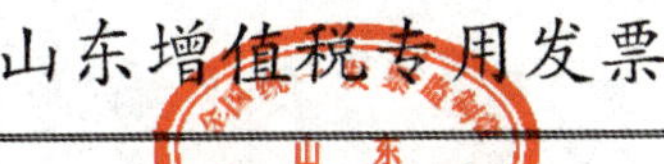

此联不作报销、扣税凭证使用

开票日期：2022年06月07日

购买方	名 称：济南新天地百货公司 纳税人识别号：913701034686257811 地 址、电 话：济南市二环南路78号0531-56891234 开户行及账号：工行济南二环南路支行6837064319400001781	密码区	2<7<6>**584134/373>67<599<< ++8+787>4-<+>/0<38+70/420/> 09>>+-*93+>6401/3/4541*2<-3 -*2+88++5/320+6+*<2<>0+19<8

货物或应税劳务、服务名称	规格型号	单位	数 量	单 价	金 额	税率	税 额
*非金属矿物制品*保温瓶	A型	个	100	-300.00	-30000.00	13%	-3900.00
合 计					¥-30000.00		¥-3900.00
价税合计（大写）	负数⊗叁万叁仟玖佰圆整				（小写）¥-33900.00		

销售方	名 称：烟台鸿泰保温瓶有限公司 纳税人识别号：913706E70033778899 地 址、电 话：烟台市滨海路99号0535-86900991 开户行及账号：工行烟台滨海路支行6811345600002233689	备注	

收款人：李顺达　　复核：徐文达　　开票人：李顺达　　销售方：（章）

第一联：记账联 销售方记账凭证

2-8-1

3700213130 山东增值税专用发票 No 08866123 3700213130 08866123

抵扣联

开票日期：2022年06月09日

购买方	名 称：烟台鸿泰保温瓶有限公司 纳税人识别号：913706E70033778899 地 址、电 话：烟台市滨海路99号0535-86900991 开户行及账号：工行烟台滨海路支行6811345600002233689	密码区	76/<6>**666666/373>67<599<< ++8+505>4-<+>/0<38+70/420/> 09>>+-*93+>6000/3/4541*2<-3 -*2+88++5/320+6+*<2<>0+19<7

货物或应税劳务、服务名称	规格型号	单位	数 量	单 价	金 额	税率	税 额
*机床*冲床		台	1	170000.00	170000.00	13%	22100.00
合 计					¥170000.00		¥22100.00
价税合计（大写）	⊗壹拾玖万贰仟壹佰圆整				（小写）¥192100.00		

销售方	名 称：烟台科瑞冲床有限公司 纳税人识别号：9137060E3451926777 地 址、电 话：烟台市芝罘区楚泰街8号0535-67907881 开户行及账号：工行芝罘支行6822300501201000981	备注	

收款人：叶达　　复核：张丽　　开票人：叶达　　销售方：（章）

第二联：抵扣联 购买方抵扣凭证

2-8-2

3700213130

山东增值税专用发票

No 08866123

3700213130
08866123

发票联

开票日期：2022年06月09日

购买方	名称：烟台鸿泰保温瓶有限公司 纳税人识别号：913706E70033778899 地址、电话：烟台市滨海路99号0535-86900991 开户行及账号：工行烟台滨海路支行6811345600002233689	密码区	76/<6>**666666/373>67<599<< ++8+505>4-<+>/0<38+70/420/> 09>>+-*93+>6000/3/4541*2<-3 -*2+88++5/320+6+*<2<>0+19<7

货物或应税劳务、服务名称	规格型号	单位	数量	单价	金额	税率	税额
*机床*冲床		台	1	170000.00	170000.00	13%	22100.00
合计					¥170000.00		¥22100.00
价税合计（大写）	⊗壹拾玖万贰仟壹佰圆整				（小写）¥192100.00		

销售方	名称：烟台科瑞冲床有限公司 纳税人识别号：9137060E3451926777 地址、电话：烟台市芝罘区楚泰街8号0535-67907881 开户行及账号：工行芝罘支行6822300501201000981	备注	烟台科瑞冲床有限公司 9137060E3451926777 发票专用章

收款人：叶达　　复核：张丽　　开票人：叶达　　销售方：（章）

第三联：发票联　购买方记账凭证

2-8-3

中国工商银行
转账支票存根
10201110
49860634

附加信息

出票日期	2022 年 06 月 09 日
收款人：	烟台科瑞冲床有限公司
金　额：	¥192 100.00
用　途：	设备款

单位主管 孙向明　会计 徐文达

烟台证券印制有限公司·2021年印制

2-8-4

中国工商银行 网上银行电子回单

电子回单号码：0020-2906-4899-1122 打印日期：2022年06月09日

付款人	户 名	烟台鸿泰保温瓶有限公司	收款人	户 名	烟台科瑞冲床有限公司
	账 号	6811345600002233689		账 号	6822300501201000981
	开户银行	烟台滨海路支行		开户银行	芝罘支行
金额		￥192 100.00	金额（大写）		人民币 壹拾玖万贰仟壹佰圆整
摘要		设备款	业务（产品）种类		转账
用途		设备款			
交易流水号		81236971	时间戳		2022-06-09-15.26.10 389747
中国工商银行 电子回单 专用章		备注：			
		验证码：			
记账网点		00307	记账柜员	00036	记账日期 2022年06月09日

重要提示：

1.如果您是收款方，青岛工行网站www.icbc.com电子回单验证处进行回单验证。2.本回单不作为收款方发货依据，并请勿重复记账。3.您可以选择发送邮件，将此电子回单发送给指定的接收人。

2-8-5

固定资产验收入库单

入库单编号：6-001

资产名称	冲床		型号/规格	
资产编号	0717		供应商名称	烟台科瑞冲床有限公司
入库日期	2022.06.09		安装使用地点	第一车间
资产原值	170 000.00元		安装使用日期	2022.06.09
附件：				
名称	数量	单位	备注	
1.技术资料				
2.说明书				
3.出厂合格证				
4.备品清单				
5.工具清单				

经办人：王明 验收人：张勤 资产管理员：李乐

2-9-1

3700214130 **山东增值税专用发票** No 03211003 3700214130 03211003

此联不作报销、扣税凭证使用

开票日期：2022年06月12日

购买方	名　　称：烟台永旺有限公司 纳税人识别号：913706007788997R 地 址、电 话：烟台市芝罘区机场路99号0535-60137771 开户行及账号：工行机场路支行6222307701304000772				密码区	4<8<9>**584134/373>67<599<< ++9+237>4-<+>/0<38+70/420/> 32>>+-*93+>5678/3/4541*2<-3 -*2+99++5/456+6+*<2<>0+19<8		
货物或应税劳务、服务名称	规格型号	单位	数 量	单 价	金 额	税率	税 额	
*非金属矿物制品*保温瓶	A型	个	350	300.00	105000.00	13%	13650.00	
合　　计					¥105000.00		¥13650.00	
价税合计（大写）	⊗壹拾壹万捌仟陆佰伍拾圆整				（小写）¥118650.00			
销售方	名　　称：烟台鸿泰保温瓶有限公司 纳税人识别号：913706E70033778899 地 址、电 话：烟台市滨海路99号0535-86900991 开户行及账号：工行烟台滨海路支行6811345600002233689				备注			

第一联：记账联 销售方记账凭证

收款人：李顺达　　复核：徐文达　　开票人：李顺达　　销售方：（章）

2-9-2

中国工商银行 网上银行电子回单

电子回单号码：0020-2906-4910-1122　　打印日期：2022年06月12日

付款人	户 名	烟台永旺有限公司	收款人	户 名	烟台鸿泰保温瓶有限公司
	账 号	6222307701304000772		账 号	6811345600002233689
	开户银行	烟台机场路支行		开户银行	烟台滨海路支行
金额		¥118 650.00	金额（大写）		人民币 壹拾壹万捌仟陆佰伍拾圆整
摘要		货款	业务（产品）种类		转账
用途		货款			
交易流水号		81236976	时间戳		2022-06-12-14.26.16 389749
		备注：			
		验证码：			
记账网点		00307	记账柜员 00036		记账日期 2022年06月12日

重要提示：

1.如果您是收款方，青岛工行网站www.icbc.com电子回单验证处进行回单验证。2.本回单不作为收款方发货依据，并请勿重复记账。3.您可以选择发送邮件，将此电子回单发送给指定的接收人。

2-10-1

中华人民共和国
税收完税证明

No. 337065220400043065

填发日期：2022年 06 月 14 日　　税务机关：国家税务总局烟台市莱山区税务局

纳税人识别号	913706E70033778899		纳税人名称	烟台鸿泰保温瓶有限公司	
原凭证号	税　种	品目名称	税款所属时期	入（退）库日期	实缴（退）金额
320220614000052406	增值税	其他制造业（13%）	2022-05-01至2022-05-31	2022-06-14	77 000.00
320220614000052406	城市维护建设税	市区	2022-05-01至2022-05-31	2022-06-14	5 390.00
320220614000052406	教育费附加	增值税教育费附加	2022-05-01至2022-05-31	2022-06-14	2 310.00
320220614000052406	地方教育附加	增值税地方教育附加	2022-05-01至2022-05-31	2022-06-14	1 540.00
金额合计	（大写）捌万陆仟贰佰肆拾圆整				¥86 240.00
税务机关（盖章）	填票人 张一静		备注 主管税务所（科、分局）：国家税务总局烟台市莱山区税务局		

第一联（收据）交纳税人作完税证明

妥善保管、手写无效

2-10-2

ICBC中国工商银行

缴税日期：2022年06月14日　　凭证字号：2022061498872041

纳税人全称及纳税人识别号：烟台鸿泰保温瓶有限公司 913706E70033778899

付款人全称：烟台鸿泰保温瓶有限公司

付款人账号：6811345600002233689　　征收机关名称：国家税务总局烟台市莱山区税务局

付款人开户行：工行烟台滨海路支行　　收款国库（银行）名称：国家金库烟台莱山区支库

小写（合计）金额：¥86 240.00　　缴款书交易流水号：33323889

大写（合计）金额：捌万陆仟贰佰肆拾圆整　　税票号码：337065220400043065

税（费）种名称	所属日期	实缴金额（单位：元）
增值税	20220501-20220531	77 000.00
城市维护建设税	20220501-20220531	5 390.00
教育费附加	20220501-20220531	2 310.00
地方教育附加	20220501-20220531	1 540.00

客户回单联　　验证码：C37A70603006　　复核：　　记账：

2-11-1

3700213130 **山东增值税专用发票** No 07589112

抵扣联

3700213130
07589112

开票日期：2022年06月16日

购买方	名称：烟台鸿泰保温瓶有限公司 纳税人识别号：913706E70033778899 地址、电话：烟台市滨海路99号0535-86900991 开户行及账号：工行烟台滨海路支行6811345600002233689	密码区	98/<6>**12345/373>67<599<< ++8+505>4-<+>/0<38+70/420/> 23>>+-*93+>6789/3/4541*2<-3 -*4+88++5/978+6+*<2<>0+19<7

货物或应税劳务、服务名称	规格型号	单位	数量	单价	金额	税率	税额
*劳务*加工费		吨	6	5000.00	30000.00	13%	3900.00
合计					¥30000.00		¥3900.00
价税合计（大写）	⊗叁万叁仟玖佰圆整				（小写）¥33900.00		

销售方	名称：烟台富盛机电有限公司 纳税人识别号：91370612KM415L9155 地址、电话：烟台市莱山区长安路77号 0535-69017791 开户行及账号：工行烟台莱山区支行6822308800001122343	备注	烟台富盛机电有限公司 91370612KM415L9155 发票专用章

收款人：付君　　复核：杨娟　　开票人：付君　　销售方：（章）

第二联：抵扣联 购买方抵扣凭证

2-11-2

3700213130 **山东增值税专用发票** No 07589112

发票联

3700213130
07589112

开票日期：2022年06月16日

购买方	名称：烟台鸿泰保温瓶有限公司 纳税人识别号：913706E70033778899 地址、电话：烟台市滨海路99号0535-86900991 开户行及账号：工行烟台滨海路支行6811345600002233689	密码区	98/<6>**12345/373>67<599<< ++8+505>4-<+>/0<38+70/420/> 23>>+-*93+>6789/3/4541*2<-3 -*4+88++5/978+6+*<2<>0+19<7

货物或应税劳务、服务名称	规格型号	单位	数量	单价	金额	税率	税额
*劳务*加工费		吨	6	5000.00	30000.00	13%	3900.00
合计					¥30000.00		¥3900.00
价税合计（大写）	⊗叁万叁仟玖佰圆整				（小写）¥33900.00		

销售方	名称：烟台富盛机电有限公司 纳税人识别号：91370612KM415L9155 地址、电话：烟台市莱山区长安路77号 0535-69017791 开户行及账号：工行烟台莱山区支行6822308800001122343	备注	烟台富盛机电有限公司 91370612KM415L9155 发票专用章

收款人：付君　　复核：杨娟　　开票人：付君　　销售方：（章）

第三联：发票联 购买方记账凭证

2-11-3

中国工商银行
转账支票存根
10201110
49860635

烟台证券印制有限公司·2021年印制

附加信息

出票日期	2022 年 06 月 16 日
收款人：	烟台富盛机电有限公司
金　额：	¥33 900.00
用　途：	加工费

单位主管 孙向明　会计 徐文达

2-11-4

中国工商银行　网上银行电子回单

电子回单号码：0020-2906-4901-1122　　打印日期：2022年06月16日

付款人	户　名	烟台鸿泰保温瓶有限公司	收款人	户　名	烟台富盛机电有限公司
	账　号	6811345600002233689		账　号	6822308800001122343
	开户银行	烟台滨海路支行		开户银行	烟台莱山区支行
金额		¥33 900.00	金额（大写）		人民币 叁万叁仟玖佰圆整
摘要		加工费	业务（产品）种类		转账
用途		加工费			
交易流水号		81236981	时间戳		2022-06-16-10.16.10 389748
中国工商银行 电子回单 专用章		备注：			
		验证码：			
记账网点	00307	记账柜员	00036	记账日期	2022年06月16日

重要提示：
1.如果您是收款方，青岛工行网站www.icbc.com电子回单验证处进行回单验证。2.本回单不作为收款方发货依据，并请勿重复记账。3.您可以选择发送邮件，将此电子回单发送给指定的接收人。

2-12

托收承付 / 委托收款 结算 全部 / 部分 拒绝付款理由书 （代通知或收账通知） 4

拒付日期：2022年 06 月 17 日

付款人				收款人			
付款人	全称	济南新天地百货公司		收款人	全称	烟台鸿泰保温瓶有限公司	
	账号	6837064319400001781			账号	6811345600002233689	
	开户银行	工行济南二环南路支行	行号 27227		开户银行	工行烟台滨海路支行	行号 27134

托收金额	拒付金额	部分付款金额	千	百	十	万	千	百	十	元	角	分
¥147 900.00	¥33 900.00			¥	1	1	4	0	0	0	0	0

附寄单证	张	部分付款金额（大写）	壹拾壹万肆仟圆整

拒付理由：

A型保温瓶有瑕疵，退货100个

付款人盖章

此联银行给收款人作收账通知或全部拒付通知书

2-13-1

山东增值税专用发票

3700214130

No 03211004

3700214130

03211004

此联不作报销、扣税凭证使用

开票日期：2022年06月19日

购买方	名称：烟台康达有限公司 纳税人识别号：91370600811223317R 地址、电话：烟台市芝罘区南洪街67号0535-66571231 开户行及账号：工行南洪街分行6222307701304123678	密码区	4<8<9>**584134/373>67<599<< ++9+237>4-<+>/0<38+70/420/> 32>>+-*93+>5678/3/4541*2<-3 -*2+99++5/456+6+*<2<>0+19<8

货物或应税劳务、服务名称	规格型号	单位	数量	单价	金额	税率	税额
*塑料制品*塑料粒子		吨	5	8000.00	40000.00	13%	5200.00
合计					¥40000.00		¥5200.00
价税合计（大写）	⊗肆万伍仟贰佰圆整				（小写）¥45200.00		

销售方	名称：烟台鸿泰保温瓶有限公司 纳税人识别号：913706E70033778899 地址、电话：烟台市滨海路99号0535-86900991 开户行及账号：工行烟台滨海路支行6811345600002233689	备注	烟台鸿泰保温瓶有限公司 913706E70033778899 发票专用章

收款人：李顺达　　复核：徐文达　　开票人：李顺达　　销售方：（章）

第一联：记账联 销售方记账凭证

2-13-2

中国工商银行　网上银行电子回单

电子回单号码：0020-2906-4970-1122　　　　　　打印日期：2022年06月19日

付款人	户　名	烟台康达有限公司	收款人	户　名	烟台鸿泰保温瓶有限公司
	账　号	6222307701304123678		账　号	6811345600002233689
	开户银行	烟台南洪街分行		开户银行	烟台滨海路支行
金额		¥45 200.00	金额（大写）		人民币　肆万伍仟贰佰圆整
摘要		货款	业务（产品）种类		转账
用途		货款			
交易流水号		81236987	时间戳		2022-06-19-11.26.16 389751
		备注：			
		验证码：			
记账网点		00307	记账柜员	00036	记账日期　2022年06月19日

重要提示：

1. 如果您是收款方，青岛工行网站www.icbc.com电子回单验证处进行回单验证。2. 本回单不作为收款方发货依据，并请勿重复记账。3. 您可以选择发送邮件，将此电子回单发送给指定的接收人。

2-14-1

3700213130　　**山东增值税专用发票**　　No 00121347　3700213130 00121347

抵扣联

开票日期：2022年06月20日

购买方	名　　称：烟台鸿泰保温瓶有限公司 纳税人识别号：913706E70033778899 地 址、电 话：烟台市滨海路99号0535-86900991 开户行及账号：工行烟台滨海路支行6811345600002233689				密码区		0//1-94+*4075921/373>67<123<< +8*756>9-<+>/0<23675/218089/> 06//+-*93+>7801/3/4541*2<-3/ **2+88++5/320+6+*<2<>0+19<7+
货物或应税劳务、服务名称	规格型号	单位	数　量	单　价	金　额	税　率	税　额
*运输服务*运费					800.00	9%	72.00
合　　计					¥800.00		¥72.00
价税合计（大写）	⊗捌佰柒拾贰圆整				（小写）¥872.00		
销售方	名　　称：烟台货物运输公司 纳税人识别号：913706123127891177 地 址、电 话：烟台市莱山区迎春大街11号0535-69003661 开户行及账号：工行烟台迎春大街分理处6800567800005566321				备注		起始地：烟台　到达地：济南 货物信息：B型保温瓶 车牌号：鲁F17898

收款人：刘平　　复核：王雪　　开票人：刘平　　销售方：（章）

第二联：抵扣联　购买方抵扣凭证

2-14-2

3700213130 山东增值税专用发票 No 00121347 3700213130 00121347

发票联

开票日期：2022年06月20日

购买方	名称：烟台鸿泰保温瓶有限公司 纳税人识别号：913706E70033778899 地址、电话：烟台市滨海路99号0535-86900991 开户行及账号：工行烟台滨海路支行6811345600002233689	密码区	0//1-94+*4075921/373>67<123<< +8*756>9-<+>/0<23675/218089/> 06//+-*93+>7801/3/4541*2<-3/ **2+88++5/320+6+*<2<>0+19<7+

货物或应税劳务、服务名称	规格型号	单位	数量	单价	金额	税率	税额
*运输服务*运费					800.00	9%	72.00
合计					¥800.00		¥72.00
价税合计（大写）	⊗捌佰柒拾贰圆整				（小写）¥872.00		

销售方	名称：烟台货物运输公司 纳税人识别号：913706123127891177 地址、电话：烟台市莱山区迎春大街11号0535-69003661 开户行及账号：工行烟台迎春大街分理处6800567800005566321	备注	起始地：烟台 到达地：济南 货物信息：B型保温瓶 车牌号：鲁F17898

收款人：刘平 复核：王雪 开票人：刘平 销售方：（章）

第三联：发票联 购买方记账凭证

2-14-3

中国工商银行
转账支票存根
10201110
49860636

附加信息

出票日期	2022 年 06 月 20 日
收款人：	烟台货物运输公司
金 额：	¥872.00
用 途：	运费

单位主管 孙向明 会计 徐文达

烟台证券印制有限公司·2021年印制

2-14-4

中国工商银行 网上银行电子回单

电子回单号码：0020-2906-4912-1122　　　　打印日期：2022年06月20日

付款人	户 名	烟台鸿泰保温瓶有限公司	收款人	户 名	烟台货物运输公司
	账 号	6811345600002233689		账 号	6800567800005566321
	开户银行	烟台滨海路支行		开户银行	烟台迎春大街分理处
金额		¥872.00	金额（大写）		人民币 捌佰柒拾贰圆整
摘要		运费	业务（产品）种类		转账
用途		运费			
交易流水号		81236983	时间戳		2022-06-20-09.16.10 389750
（中国工商银行 电子回单 专用章）		备注：			
		验证码：			
记账网点	00307	记账柜员	00037	记账日期	2022年06月20日

重要提示：

1.如果您是收款方，青岛工行网站www.icbc.com电子回单验证处进行回单验证。2.本回单不作为收款方发货依据，并请勿重复记账。3.您可以选择发送邮件，将此电子回单发送给指定的接收人。

2-14-5

3700214130　　**山东增值税专用发票**　　No 03211005　3700214130 03211005

此联不作报销、扣税凭证使用

开票日期：2022年06月20日

购买方	名　　称：济南顺达有限公司 纳税人识别号：913706113300887D 地 址、电 话：济南市经纬路27号0531-95678211 开户行及账号：工行济南经纬路支行68370334400005549	密码区	7<8<9>**12347/373>67<599<< ++9+237>4-<+>/0<38+70/420/> 89>>+-*93+>7899/3/1122*2<-3 -*2+99++5/456+6+*<2<>0+19<8

货物或应税劳务、服务名称	规格型号	单位	数 量	单 价	金 额	税率	税 额
*非金属矿物制品*保温瓶	B型	个	200	100.00	20000.00	13%	2600.00
合　　计					¥20000.00		¥2600.00
价税合计（大写）	⊗贰万贰仟陆佰圆整				（小写）¥22600.00		

销售方	名　　称：烟台鸿泰保温瓶有限公司 纳税人识别号：913706E70033778899 地 址、电 话：烟台市滨海路99号0535-86900991 开户行及账号：工行烟台滨海路支行6811345600002233689	备注	（烟台鸿泰保温瓶有限公司 913706E70033778899 发票专用章）

收款人：李顺达　　复核：徐文达　　开票人：李顺达　　销售方：（章）

第一联：记账联　销售方记账凭证

2-15

中国工商银行　网上银行电子回单

电子回单号码：0020-2906-4929-1122　　　　打印日期：2022年06月25日

付款人	户　名	济南顺达有限公司	收款人	户　名	烟台鸿泰保温瓶有限公司
	账　号	68370334400005549		账　号	6811345600002233689
	开户银行	济南经纬路支行		开户银行	烟台滨海路支行
金额		¥22 600.00	金额（大写）		人民币　贰万贰仟陆佰圆整
摘要		货款	业务（产品）种类		转账
用途		货款			
交易流水号		81236979	时间戳		2022-06-25-14.16.20 389750
中国工商银行 电子回单专用章		备注：			
		验证码：			
记账网点	00307	记账柜员	00036	记账日期	2022年06月25日

重要提示：

1.如果您是收款方，青岛工行网站www.icbc.com电子回单验证处进行回单验证。2.本回单不作为收款方发货依据，并请勿重复记账。3.您可以选择发送邮件，将此电子回单发送给指定的接收人。

2-16-1

3700214130　　**山东增值税专用发票**　　No 03211006　3700214130　03211006

此联不作报销、扣税凭证使用

开票日期：2022年06月26日

购买方	名称：烟台飞达机械有限公司 纳税人识别号：913706345600007879 地址、电话：烟台市开发区横山路134号0535-58331231 开户行及账号：工行烟台开发区支行6222300000988911783				密码区	3<8<9>**667788/373>67<599<< ++9+456>4-<+>/0<38+70/420/> 89>>+-*93+>5555/3/1122*2<-3 -*2+99++5/456+6+*<2<>0+19<8		
货物或应税劳务、服务名称		规格型号	单位	数量	单价	金额	税率	税额
*机床*冲床			台	1	100000.00	100000.00	13%	13000.00
合　　计						¥100000.00		¥13000.00
价税合计（大写）		⊗壹拾壹万叁仟圆整				（小写）¥113000.00		
销售方	名称：烟台鸿泰保温瓶有限公司 纳税人识别号：913706E70033778899 地址、电话：烟台市滨海路99号0535-86900991 开户行及账号：工行烟台滨海路支行6811345600002233689				备注	烟台鸿泰保温瓶有限公司 913706E70033778899 发票专用章		

收款人：李顺达　　复核：徐文达　　开票人：李顺达　　销售方：（章）

第一联：记账联　销售方记账凭证

2-16-2

中国工商银行 网上银行电子回单

电子回单号码：0020-2906-4977-1122　　　　打印日期：2022年06月26日

付款人	户 名	烟台飞达机械有限公司	收款人	户 名	烟台鸿泰保温瓶有限公司
	账 号	6222300000988911783		账 号	6811345600002233689
	开户银行	烟台开发区支行		开户银行	烟台滨海路支行
金额		￥113 000.00	金额（大写）		人民币 壹拾壹万叁仟圆整
摘要		设备款	业务（产品）种类		转账
用途		设备款			
交易流水号		81236989	时间戳		2022-06-26-10.26.14 389756
中国工商银行 电子回单 专用章		备注：			
		验证码：			
记账网点	00307	记账柜员	00036	记账日期	2022年06月26日

重要提示：

1.如果您是收款方，青岛工行网站www.icbc.com电子回单验证处进行回单验证。2.本回单不作为收款方发货依据，并请勿重复记账。3.您可以选择发送邮件，将此电子回单发送给指定的接收人。

2-16-3

固定资产清理单

2022 年 06 月 26 日　　　　金额单位：元

主管部门	资产部			使用单位	生产车间				
名称及型号	单位	数量	原始价值	已提折旧	净值	预计使用年限	实际使用年限	支付清理费	收回变价收入
生产设备	台	1	200 000.00	120 000.00	80 000.00	10	6		100 000.00
建造单位				清理原因：产品更新		处理意见		部门负责人	
建造年份						同意		张云	
								公司负责人	
出厂号								王轩	

单位公章：　　财务主管：孙向明　　会计：徐文达　　制单：徐文达

2-16-4

附加税费计算表

纳税人：烟台鸿泰保温瓶有限公司　　　　2022年06月26日　　　　金额单位：元

税费名称	计税（费）依据 增值税税额	税（费）率	本期应纳税（费）额
城市维护建设税	13 000.00	7%	910.00
教育费附加	13 000.00	3%	390.00
地方教育附加	13 000.00	2%	260.00
合　　计	—	—	1 560.00

财务主管：孙向明　　　　复核：孙向明　　　　制单：徐文达

2-17-1

3700213130　**山东增值税专用发票**　No 07660077　3700213130 07660077

抵扣联

开票日期：2022年06月28日

购买方	名　　称：烟台鸿泰保温瓶有限公司 纳税人识别号：913706E70033778899 地 址、电 话：烟台市滨海路99号0535-86900991 开户行及账号：工行烟台滨海路支行6811345600002233689	密码区	72/<6>**888888/373>67<599<< ++8+707>4-<+>/0<38+70/420/> 23>>+-*93+>5678/3/4541*2<-3 -*4+88++5/978+6+*<2<>0+19<7

货物或应税劳务、服务名称	规格型号	单位	数　量	单　价	金　额	税 率	税　额
*广告服务*广告费		平方米	20	300.00	6000.00	6%	360.00
合　　计					¥6000.00		¥360.00
价税合计（大写）	⊗陆仟叁佰陆拾圆整				（小写）¥6360.00		

销售方	名　　称：烟台海源广告策划有限公司 纳税人识别号：9137060031260A5615 地 址、电 话：烟台市莱山区迎春大街378号0535-69130071 开户行及账号：工行迎春大街分理处6822301100006677127	备注	烟台海源广告策划有限公司 9137060031260A5615 发票专用章

收款人：赵静　　复核：黄迎春　　开票人：赵静　　销售方：（章）

第二联：抵扣联　购买方抵扣凭证

2-17-2

3700213130

山东增值税专用发票

发票联

No 07660077　3700213130 07660077

开票日期：2022年06月28日

购买方	名　　称：烟台鸿泰保温瓶有限公司 纳税人识别号：913706E70033778899 地 址、电 话：烟台市滨海路99号0535-86900991 开户行及账号：工行烟台滨海路支行6811345600002233689	密码区	72/<6>**888888/373>67<599<< ++8+707>4-<+>/0<38+70/420/> 23>>+-*93+>5678/3/4541*2<-3 -*4+88++5/978+6+*<2<>0+19<7

货物或应税劳务、服务名称	规格型号	单位	数 量	单 价	金 额	税 率	税 额
*广告服务*广告费		平方米	20	300.00	6000.00	6%	360.00
合　　计					¥6000.00		¥360.00
价税合计（大写）	⊗陆仟叁佰陆拾圆整				（小写）¥6360.00		

销售方	名　　称：烟台海源广告策划有限公司 纳税人识别号：9137060031260A5615 地 址、电 话：烟台市莱山区迎春大街378号0535-69130071 开户行及账号：工行迎春大街分理处6822301100006677127	备注	

收款人：赵静　　复核：黄迎春　　开票人：赵静　　销售方：（章）

（印章：烟台海源广告策划有限公司 9137060031260A5615 发票专用章）

第三联：发票联 购买方记账凭证

2-17-3

中国工商银行
转账支票存根
10201110
49860637

烟台证券印制有限公司·2021年印制

附加信息

出票日期	2022 年 06 月 28 日
收款人：	烟台海源广告策划有限公司
金 额：	¥6 360.00
用 途：	广告费

单位主管 孙向明　会计 徐文达

2-17-4

中国工商银行 网上银行电子回单

电子回单号码：0020-2906-4932-1122　　　　打印日期：2022年06月28日

付款人	户 名	烟台鸿泰保温瓶有限公司	收款人	户 名	烟台海源广告策划有限公司
	账 号	6811345600002233689		账 号	6822301100006677127
	开户银行	烟台滨海路支行		开户银行	烟台迎春大街分理处
金额		¥6 360.00	金额（大写）		人民币 陆仟叁佰陆拾圆整
摘要		广告费	业务（产品）种类		转账
用途		广告费			
交易流水号		81236989	时间戳		2022-06-28-13.16.10 389752
中国工商银行 电子回单 专用章		备注：			
		验证码：			
记账网点		00307	记账柜员 00037	记账日期	2022年06月28日

重要提示：

1.如果您是收款方，青岛工行网站www.icbc.com电子回单验证处进行回单验证。2.本回单不作为收款方发货依据，并请勿重复记账。3.您可以选择发送邮件，将此电子回单发送给指定的接收人。

2-18

存货盘点报告

2022年 06 月 30 日

名称	单位	单价	数量		盘盈		盘亏		原因
			账存	实存	数量	金额（元）	数量	金额（元）	
铝合金	吨	13 500.00	15	14.9			0.1	1 350	管理不当毁损 经领导批准计入管理费用
合计			15	14.9			0.1	1 350.00	

盘点人： 刘雪　　　　保管员： 王林

2-19

未交增值税计提表

年　　月　　日　　　　　　　　　　　　　　　　　　单位：元

1. 应交增值税明细账期初余额	
2. 应交增值税明细账进项税额本期发生额	
3. 应交增值税明细账进项税额转出本期发生额	
4. 应交增值税明细账销项税额本期发生额	
5. 本月应交增值税税额	

财务主管：孙向明　　　　　　　　　　　　　　制单：徐文达

2-20

附加税费计算表

纳税人：烟台鸿泰保温瓶有限公司　　　　2022年06月30日　　　　金额单位：元

税费名称	计税（费）依据	税（费）率	本期应纳税（费）额	本期已计提金额	本期应补提金额
	增值税税额				
城市维护建设税		7%			
教育费附加		3%			
地方教育附加		2%			
合　　计	—	—			

财务主管：孙向明　　　　　复核：孙向明　　　　　制单：　徐文达

实验3 消费税会计模拟实验

【思政课堂】

珍爱生命，善待他人，远离烟草

2021年5月26日，国家卫健委和世卫组织驻华代表处共同发布《中国吸烟危害健康报告2020》。该报告显示，我国吸烟人数已超过3亿人，烟草每年使我国100多万人失去生命，如不采取有效行动，预计到2030年将增至每年200万人，到2050年增至每年300万人。中国目前有3.16亿烟民，15岁以上人群吸烟率为26.6%，其中男性吸烟率为50.5%。中国是世界最大的烟草生产国和消费国，同时也是世界最大的烟草受害国。全球每年因吸烟和二手烟死亡830万人，中国人口占全球总人口的18.5%，但是因吸烟和二手烟死亡的人数却占到近三分之一。

烟草烟雾中含有至少69种致癌物，当人体暴露于这些致癌物中时，致癌物会引起体内关键基因发生永久性突变并逐渐积累，正常生长调控机制失调，导致恶性肿瘤发生。二手烟中含有大量有害物质与致癌物，不吸烟者暴露于二手烟中，同样会增加吸烟相关疾病的发病风险。有证据提示，二手烟暴露可以导致儿童哮喘、肺癌、冠心病等，二手烟暴露并没有所谓的“安全水平”，短时间暴露于二手烟之中也会对人体的健康造成危害，排风扇、空调等通风装置存在也无法完全避免非吸烟者吸入二手烟。室内完全禁止吸烟是避免二手烟危害的唯一有效方法。

该报告列举了吸烟及二手烟暴露与四大慢性病，即呼吸系统疾病、恶性肿瘤、心脑血管疾病以及糖尿病之间相关联的全球最新研究证据。

资料来源：中华人民共和国中央人民政府．国家卫生健康委发布《中国吸烟危害健康报告2020》[EB/OL]．[2021-05-30]．http://www.gov.cn/xinwen/2021-05/30/content_5613994.htm，有删节。

请思考：

1.烟作为应税消费品，征税环节和适用税率分别是什么？

2.国家为什么对烟适用较高的消费税税率？

一、实验目的

1.掌握消费税及附加税费的计算与核算。

2.掌握消费税及附加税费申报表的填制方法。

二、实验要求

1.根据经济业务的原始凭证，编制会计分录，填制记账凭证。

2.根据原始凭证、记账凭证，登记“应交税费——应交消费税”明细账。

3.计算企业2022年5月份应纳消费税税额，并据此计算附加税费金额。

4.根据业务资料，填制消费税及附加税费申报表。

三、实验资料

1.企业基本信息

烟台佳格集团股份有限公司为增值税一般纳税人，增值税和消费税的纳税期限均为一个月，期初应交未交消费税为72 700.00元，该公司基本资料如下：

开户银行：中国工商银行烟台市华鑫支行

账号：6224140266876248692

纳税人识别号：913706112269783423

主管税务机关：国家税务总局烟台市莱山区税务局

经营地址：烟台市莱山区机场路79号

经营范围：化妆品、酒类

电话：0535-86915217

注册资本：8 000万元人民币

法定代表人：刘艺

财务主管：赵远

会计：郭顺

助理会计：纪文惠

出纳：李晓

在职职工：320人

2.企业2022年5月消费税涉税业务相关资料

（1）5月1日，向烟台市佳美集团销售日用高档化妆品，货款通过银行转账收讫。（原始凭证代号：3-1-1、3-1-2、3-1-3）

（2）5月4日，企业决定将自产的高档化妆品作为本月的员工生日福利。（原始凭证代号：3-2-1、3-2-2、3-2-3）

【知识链接3-1】

视同销售应税消费品的计税办法

视同销售应税消费品应以同类产品对外加权平均售价为计税价格，没有同类产品对外售价的，应以组成计税价格计税。

①属于从价计税的：

组成计税价格=成本×（1+成本利润率）÷（1-消费税税率）

②属于复合计税的：

组成计税价格=［成本×（1+成本利润率）+移送使用数量×定额税率］÷（1-消费税税率）

其中，各行业的成本利润率由国家统一规定。

（3）5月4日，将外购的A类香料运往上海市南吴化工厂委托加工香水精。（原始凭证代号：3-3）

（4）5月12日，收回委托加工的香水精，支付加工费和代垫辅料。（原始凭证代号：3-4-1、3-4-2、3-4-3、3-4-4）

（5）5月12日，计算受托方上海市南吴化工厂代收代缴的消费税税额及附加税费金额，并填制转账支票（对方收据略）。受托方无同类香水精对外销售业务，收回的香水精本月全部用于继续加工高档化妆品。计算结果保留两位小数。（原始凭证代号：3-5-1、3-5-2、3-5-3、3-5-4）

【知识链接3-2】

委托加工环节的消费税以受托方同类产品对外加权平均售价为计税依据，受托方没有同类产品对外销售的，应按组成计税价格计税：

①属于从价计税的：

组成计税价格=（材料成本+加工费）÷（1-消费税比例税率）

②属于复合计税的：

组成计税价格=（材料成本+加工费+委托加工数量×定额税率）÷（1-消费税比例税率）

（6）5月12日，收回委托加工的香水精验收入库。（原始凭证代号：3-6）

（7）5月14日，缴纳4月份消费税及附加税费，取得以下完税凭证。（原始凭证代号：3-7-1、3-7-2）

（8）5月17日，将自产果啤20吨销售给烟台华联超市。（原始凭证代号：3-8-1、3-8-2、3-8-3）

（9）5月17日，将10吨自产果啤给顾客免费品尝。（原始凭证代号：3-9-1、3-9-2）

（10）5月27日，销售自产粮食白酒20吨，单位售价每吨2 500元，生产成本每吨1 500元。随同白酒出售单独计价包装桶300只，每只售价10元，成本价5元。货款已通过银行转账收讫。（原始凭证代号：

3-10-1、3-10-2、3-10-3）

【知识链接3-3】

包装物押金流转税征收的法规见表3-1。

表3-1 **包装物押金流转税征收的法规**

押金种类		增值税		消费税	
		收取时，未逾期	逾期时	收取时，未逾期	逾期时
非酒类产品的包装物押金		不征	征收	不征	征收
酒类产品包装物押金	黄酒、啤酒	不征	征收	不征	不征
	除黄酒、啤酒外的其他酒	征收	不征	征收	不征

注：应税包装物单独计价出售或者收取押金收入适用税率与所包装货物适用的税率相同。

期限超过一年的包装物押金视同逾期。

（11）5月31日，财务人员根据本月应交消费税税额计提附加税费金额。（原始凭证代号：3-11）

要求：

（1）5月31日，根据业务（1）至业务（11）登记“应交税费——应交消费税”明细账（见附表3-1）。

（2）编制本期准予扣除税额计算表（见附表3-2）、本期委托加工收回情况报告表（见附表3-3）、消费税附加税费计算表（见附表3-4）、消费税及附加税费申报表（见附表3-5）。

3-1-1

3700214130 

山东增值税专用发票

此联不作报销、扣税凭证使用

No 04671001

3700214130
04671001

开票日期：2022年05月01日

购买方	名　　称：烟台市佳美集团 纳税人识别号：913706112222112769 地 址、电 话：烟台市新华北路19号0535-69171801 开户行及账号：工行烟台世茂支行6222300026687624908O	密码区	4<8<9>**066611/373>67<599<< ++9+237>4-<+>/0<38+70/420/> 45>>+-*93+>0011/3/4541*2<-3 -*2+99++5/456+6+*<2<>0+19<8

货物或应税劳务、服务名称	规格型号	单位	数　量	单 价	金　额	税 率	税　额
*日化专用设备*化妆品		盒	800	230.00	184000.00	13%	23920.00
合　　计					¥184000.00		¥23920.00
价税合计（大写）	⊗贰拾万柒仟玖佰贰拾圆整				（小写）¥207920.00		

销售方	名　　称：烟台佳格集团股份有限公司 纳税人识别号：913706112269783423 地 址、电 话：烟台市莱山区机场路79号0535-86915217 开户行及账号：工行烟台华鑫支行6224140266876248692	备注	烟台佳格集团股份有限公司 913706112269783423 发票专用章

收款人：李晓　　复核：郭顺　　开票人：纪文惠　　销售方：（章）

第一联：记账联　销售方记账凭证

3-1-2

中国工商银行　网上银行电子回单

电子回单号码：0020-2906-4890-1122　　打印日期：2022年05月01日

付款人	户　名	烟台市佳美集团	收款人	户　名	烟台佳格集团股份有限公司
	账　号	6222300026687624908O		账　号	6224140266876248692
	开户银行	烟台世茂支行		开户银行	烟台华鑫支行
金额		¥207 920.00	金额（大写）		人民币 贰拾万柒仟玖佰贰拾圆整
摘要		货款	业务（产品）种类		转账
用途		货款			
交易流水号		81236920	时间戳		2022-05-01-14.26.16 389723
中国工商银行 电子回单 专用章		备注：			
		验证码：			
记账网点		00309	记账柜员	00039	记账日期 2022年05月01日

重要提示：

1.如果您是收款方，青岛工行网站www.icbc.com电子回单验证处进行回单验证。2.本回单不作为收款方发货依据，并请勿重复记账。3.您可以选择发送邮件，将此电子回单发送给指定的接收人。

3-1-3

税金及附加计算表

纳税人：烟台佳格集团股份有限公司　　2022年05月01日　　金额单位：元

项目	计税金额	计税数量	税率	应缴税额
高档化妆品消费税			15%	
合计				

财务主管：赵远　　复核：赵远　　制单：郭顺

3-2-1

化妆品领用登记表

2022年5月4日　　单位：套

部门	数量	领用人	备注
企业管理部门	5	王鑫	以部门为单位领取
车间	33	张烨	
销售部	22	田华	
合计	60		

批准：刘艺　　制单：吕达

3-2-2

发货单

字第213号

领料部门：工会　　用途：福利　　2022年5月4日

品名	单位	数量（套）		对外销售（元）		生产成本（元）	
		请领	实领	单位价格	金额	单位成本	金额
化妆品C套装	套	60	60	200.00	12 000.00	100.00	6 000.00

负责人：　孟甜　　领料人：王凡　　发料人：张万江

3-2-3

税金及附加计算表

纳税人：烟台佳格集团股份有限公司　　2022年05月04日　　金额单位：元

项目	计税金额	计税数量	税率	应缴税额
高档化妆品消费税			15%	
合计				

财务主管：赵远　　复核：赵远　　制单：郭顺

3-3

领料单

仓库：2号　　　　2022年05月04日　　　　字第70号

品名	规格型号	单位	数量		单价（元）	金额（元）
			请领	实领		
香料	A类	千克	1 600	1 600	40.00	64 000.00
合计			1 600	1 600		¥64 000.00
用途	委托加工香水精		领料部门		发料部门	
			负责人	领料人	核准人	发料人
			李磊	刘欣	罗立	王江

第三联　交财务

3-4-1

3100211130　　**上海增值税专用发票**　　No 51813116　3100211130 51813116

抵扣联

开票日期：2022年05月12日

购买方	名称：烟台佳格集团股份有限公司 纳税人识别号：913706112269783423 地址、电话：烟台市莱山区机场路79号0535-86915217 开户行及账号：工行烟台华鑫支行6224140266876248692	密码区	6<1<6>**580331/373>67<123<< ++8*789>4-<+>/0<38+70/420/> 09>>+-*93+>7801/3/4541*2<-3 -*2+88++5/320+6+*<2<>0+19<7

货物或应税劳务、服务名称	规格型号	单位	数量	单价	金额	税率	税额
*劳务*加工费		瓶	20	450.00	9000.00	13%	1170.00
*日化专用设备*香水精辅料					1000.00	13%	130.00
合计					¥10000.00		¥1300.00
价税合计（大写）	⊗壹万壹仟叁佰圆整				（小写）¥11300.00		

销售方	名称：上海市南吴化工厂 纳税人识别号：310007666600002342 地址、电话：上海市复旦路47号021-23114589 开户行及账号：工行上海市复旦路支行6223102668259877	备注	

收款人：王晓　　复核：杨文　　开票人：王晓　　销售方：（章）

第二联：抵扣联　购买方抵扣凭证

3-4-2

3100211130　　上海增值税专用发票　　No 51813116　3100211130

51813116

发票联

开票日期：2022年05月12日

购买方	名　　称：烟台佳格集团股份有限公司 纳税人识别号：913706112269783423 地 址、电 话：烟台市莱山区机场路79号0535-86915217 开户行及账号：工行烟台华鑫支行6224140266876248692	密码区	6<1<6>**580331/373>67<123<< ++8*789>4-<+>/0<38+70/420/> 09>>+-*93+>7801/3/4541*2<-3 -*2+88++5/320+6+*<2<>0+19<7

货物或应税劳务、服务名称	规格型号	单位	数　量	单　价	金　额	税　率	税　额
*劳务*加工费		瓶	20	450.00	9000.00	13%	1170.00
*日化专用设备*香水精辅料					1000.00	13%	130.00
合　　计					¥10000.00		¥1300.00
价税合计（大写）	⊗壹万壹仟叁佰圆整				（小写）¥11300.00		

销售方	名　　称：上海市南吴化工厂 纳税人识别号：310007666600002342 地 址、电 话：上海市复旦路47号021-23114589 开户行及账号：工行上海市复旦路支行6223102668259877	备注	上海市南吴化工厂 310007666600002342 发票专用章

收款人：王晓　　复核：杨文　　开票人：王晓　　销售方：（章）

第三联：发票联　购买方记账凭证

3-4-3

中国工商银行
转账支票存根
10201110
49850522

烟台证券印制有限公司·2021年印制

附加信息

出票日期	2022 年 05 月 12 日
收款人：	上海市南吴化工厂
金　额：	¥11 300.00
用　途：	付加工费及辅料

单位主管　赵远　会计　郭顺

3-4-4

中国工商银行 网上银行电子回单

电子回单号码：0020-2908-4779-1122　　打印日期：2022年05月12日

付款人	户名	烟台佳格集团股份有限公司	收款人	户名	上海市南吴化工厂
	账号	6224140266876248692		账号	62223102668259877
	开户银行	烟台华鑫支行		开户银行	上海市复旦路支行
金额		￥11 300.00	金额（大写）		人民币 壹万壹仟叁佰圆整
摘要		加工费及代垫辅料	业务（产品）种类		转账
用途					
交易流水号		71237810	时间戳		2022-05-12-12.37.33 379633
中国工商银行 电子回单 专用章		备注：			
		验证码：			

记账网点	00307	记账柜员	00036	记账日期	2022年05月12日

重要提示：

1.如果您是收款方，青岛工行网站www.icbc.com电子回单验证处进行回单验证。2.本回单不作为收款方发货依据，并请勿重复记账。3.您可以选择发送邮件，将此电子回单发送给指定的接收人。

3-5-1

委托加工代垫消费税计算单

材料科目：原材料　　编号：001

材料类别：原料及主要材料　　收料仓库：3号仓库

加工单位：上海市南吴化工厂　　2022年05月12日　　发票号码：51813116

材料编号	材料名称	规格	计量单位	数量	计算过程（元）				
					材料成本	加工费	计税金额	税率	税额
01	香水精		瓶	20				15%	
备注									

审核：赵远　　制单：郭顺

3-5-2

委托加工附加税费计算表

纳税人：烟台佳格集团股份有限公司　　2022年05月12日　　金额单位：元

税费名称	计税（费）依据	税（费）率	本期应纳税（费）额
	消费税税额		
城市维护建设税		7%	
教育费附加		3%	
地方教育附加		2%	
合　　计	—	—	

财务主管：赵远　　复核：赵远　　制单：　郭顺

3-5-3

中国工商银行
转账支票存根
10201110
49850524

烟台证券印制有限公司・2021年印制

附加信息

出票日期　2022 年 05 月 12 日
收款人：　上海市南吴化工厂
金　额：　¥14 625.88
用　途：付消费税及附加税（费）款

单位主管　赵远　会计　郭顺

3-5-4

中国工商银行　网上银行电子回单

电子回单号码：0020-2908-4780-1122　　打印日期：2022年05月12日

<table>
<tr><td rowspan="3">付款人</td><td>户 名</td><td>烟台佳格集团股份有限公司</td><td rowspan="3">收款人</td><td>户 名</td><td>上海市南吴化工厂</td></tr>
<tr><td>账 号</td><td>6224140266876248692</td><td>账 号</td><td>62223102668259877</td></tr>
<tr><td>开户银行</td><td>烟台华鑫支行</td><td>开户银行</td><td>上海市复旦路支行</td></tr>
<tr><td colspan="2">金额</td><td>￥14 625.88</td><td colspan="2">金额（大写）</td><td>人民币 壹万肆仟陆佰贰拾伍元捌角捌分</td></tr>
<tr><td colspan="2">摘要</td><td>付消费税及附加税（费）款</td><td colspan="2">业务（产品）种类</td><td>转账</td></tr>
<tr><td colspan="2">用途</td><td colspan="4"></td></tr>
<tr><td colspan="2">交易流水号</td><td>71237811</td><td colspan="2">时间戳</td><td>2022-05-12-13.40.34 379634</td></tr>
<tr><td colspan="2" rowspan="2">中国工商银行
电子回单
专用章</td><td colspan="4">备注：</td></tr>
<tr><td colspan="4">验证码：</td></tr>
<tr><td colspan="2">记账网点</td><td>00307</td><td>记账柜员</td><td>00036</td><td>记账日期　2022年05月12日</td></tr>
</table>

重要提示：

1.如果您是收款方，青岛工行网站www.icbc.com电子回单验证处进行回单验证。2.本回单不作为收款方发货依据，并请勿重复记账。3.您可以选择发送邮件，将此电子回单发送给指定的接收人。

3-6

委托加工收料单

材料科目：原材料　　编号：001

材料类别：原料及主要材料　　收料仓库：3号仓库

加工单位：上海市南吴化工厂　　2022年05月12日　　发票号码：51813116

材料编号	材料名称	规格	计量单位	数量		实际成本（元）			
				应收	实收	材料成本	加工费	运费	合计
01	香水精		瓶	20	20	64 000.00	10 000.00	—	74 000.00
备注									

采购员：王贺　　检验员：王凯　　记账员：　　保管员：王明

3-7-1

中 华 人 民 共 和 国 税 收 完 税 证 明

No. 337065220500043378

填发日期：2022年 05 月 14 日　　　　税务机关：国家税务总局烟台市莱山区税务局

纳税人识别号	913706112269783423		纳税人名称	烟台佳格集团股份有限公司	
原凭证号	税 种	品目名称	税款所属时期	入（退）库日期	实缴（退）金额
320220514112262310	消费税	高档化妆品（15%）	2022-04-01至2022-04-30	2022-05-14	25 000.00
320220514112262310	消费税	果啤（250元/吨）	2022-04-01至2022-04-30	2022-05-14	30 000.00
320220514112262310	消费税	白酒（20%;0.5元/500克）	2022-04-01至2022-04-30	2022-05-14	17 700.00
320220514112262310	城市维护建设税	市区	2022-04-01至2022-04-30	2022-05-14	5 089.00
320220514112262310	教育费附加	消费税教育费附加	2022-04-01至2022-04-30	2022-05-14	2 181.00
320220514112262310	地方教育附加	消费税地方教育附加	2022-04-01至2022-04-30	2022-05-14	1 454.00
金额合计	（大写）捌万壹仟肆佰贰拾肆圆整				¥81 424.00
税务机关（盖章）	填票人 代群	备注 主管税务所（科、分局）：国家税务总局烟台市莱山区税务局			

第一联（收据）交纳税人作完税证明

妥善保管、手写无效

3-7-2

ICBC中国工商银行

缴税日期：2022年05月14日　　　　凭证字号：2022061498872041

纳税人全称及纳税人识别号：烟台佳格集团股份有限公司 913706112269783423

付款人全称：烟台佳格集团股份有限公司

付款人账号：6224140266876248692　　　　征收机关名称：国家税务总局烟台市莱山区税务局

付款人开户行：烟台华鑫支行　　　　收款国库（银行）名称：国家金库烟台莱山区支库

小写（合计）金额：¥81 424.00　　　　缴款书交易流水号：33323889

大写（合计）金额：捌万壹仟肆佰贰拾肆圆整　　　　税票号码：337065220500043378

税（费）种名称	所属日期	实缴金额（单位：元）
消费税	20220401-20220430	72 700.00
城市维护建设税	20220401-20220430	5 089.00
教育费附加	20220401-20220430	2 181.00
地方教育附加	20220401-20220430	1 454.00

客户回单联　　　　验证码：C37A70603006　　　　复核：　　　　记账：

3-8-1

3700213130 **山东增值税专用发票** No 04671002 3700213130 04671002

此联不作报销、扣税凭证使用

开票日期：2022年05月17日

购买方	名　　称：烟台华联超市 纳税人识别号：913706112227683214 地 址、电 话：烟台市开发区临河路11号0535-6917321 开户行及账号：工行烟台临河分行6222310266876259877				密码区	7<0<9>**778899/373>67<599<< ++9+237>4-<+>/0<38+70/420/> 45>>+-*93+>6655/3/4541*2<-3 -*2+99++5/789+6+*<2<>0+19<8		
货物或应税劳务、服务名称	规格型号	单位	数　量	单　价	金　额	税　率	税　额	
*酒*果啤		吨	20	2600.00	52000.00	13%	6760.00	
合　　计					¥52000.00		¥6760.00	
价税合计（大写）	⊗伍万捌仟柒佰陆拾圆整				（小写）¥58760.00			
销售方	名　　称：烟台佳格集团股份有限公司 纳税人识别号：913706112269783423 地 址、电 话：烟台市莱山区机场路79号0535-86915217 开户行及账号：工行烟台华鑫支行6224140266876248692				备注	烟台佳格集团股份有限公司 913706112269783423 发票专用章		

第一联：记账联 销售方记账凭证

收款人：李晓　　复核：郭顺　　开票人：纪文惠　　销售方：（章）

3-8-2

中国工商银行　网上银行电子回单

电子回单号码：0020-2906-4893-1122　　打印日期：2022年05月17日

付款人	户 名	烟台华联超市	收款人	户 名	烟台佳格集团股份有限公司
	账 号	6222310266876259877		账 号	6224140266876248692
	开户银行	烟台临河分行		开户银行	烟台华鑫支行
金额		¥58 760.00	金额（大写）		人民币 伍万捌仟柒佰陆拾圆整
摘要		货款	业务（产品）种类		转账
用途					
交易流水号		81236920	时间戳		2022-05-17-16.26.15 389725
中国工商银行 电子回单 专用章		备注：			
		验证码：			
记账网点		00309	记账柜员	00039	记账日期 2022年05月17日

重要提示：

1. 如果您是收款方，青岛工行网站www.icbc.com电子回单验证处进行回单验证。2. 本回单不作为收款方发货依据，并请勿重复记账。3. 您可以选择发送邮件，将此电子回单发送给指定的接收人。

3-8-3

消费税计算表

纳税人：烟台佳格集团股份有限公司　　2022年05月17日　　金额单位：元

项目	计税金额	计税数量	税率	应缴税额
果啤			220元/吨	
合计				

财务主管：赵远　　复核：赵远　　制单：郭顺

3-9-1

商品出库单

字第26号

2022年5月17日

品名	计量单位	数量	单位成本（元）	金额（元）	用途
果啤	吨	10	1 800	18 000.00	免费品尝
合计		10		18 000.00	

负责人：王丽　　领料人：李婷　　发货人：张梅

3-9-2

消费税计算表

纳税人：烟台佳格集团股份有限公司　　2022年05月17日　　金额单位：元

项目	计税金额	计税数量	税率	应缴税额
果啤			220元/吨	
合计				

财务主管：赵远　　复核：赵远　　制单：郭顺

3-10-1

3700213130 **山东增值税专用发票** No 04671003 3700213130 04671003

此联不作报销、扣税凭证使用

开票日期：2022年05月27日

购买方	名称：烟台市振华商厦 纳税人识别号：913706112227683331 地址、电话：烟台市开发区临河路70号0535-6919223 开户行及账号：工行烟台临河分行6222310266876259877	密码区	2<0<9>**123456/373>67<599<< ++9+237>4-<+>/0<38+70/420/> 67>>+-*93+>0023/3/4541*2<-3 -*2+88++5/789+6+*<2<>0+19<8

货物或应税劳务、服务名称	规格型号	单位	数量	单价	金额	税率	税额
*酒*粮食白酒		吨	20	2500.00	50000.00	13%	6500.00
*包装桶		只	300	10.00	3000.00	13%	390.00
合计					¥53000.00		¥6890.00
价税合计（大写）	⊗伍万玖仟捌佰玖拾圆整				（小写）¥59890.00		

销售方	名称：烟台佳格集团股份有限公司 纳税人识别号：913706112269783423 地址、电话：烟台市莱山区机场路79号0535-86915217 开户行及账号：工行烟台华鑫支行6224140266876248692	备注	（印章：烟台佳格集团股份有限公司 913706112269783423 发票专用章）

收款人：李晓　　复核：郭顺　　开票人：纪文惠　　销售方：（章）

第一联：记账联 销售方记账凭证

3-10-2

中国工商银行　网上银行电子回单

电子回单号码：0020-2906-4895-1122　　打印日期：2022年05月27日

付款人	户名	烟台市振华商厦	收款人	户名	烟台佳格集团股份有限公司
	账号	6222310266876259877		账号	6224140266876248692
	开户银行	烟台临河分行		开户银行	烟台华鑫支行
金额		¥59 890.00	金额（大写）		人民币 伍万玖仟捌佰玖拾圆整
摘要		粮食白酒货款	业务（产品）种类		转账
用途					
交易流水号		81236920	时间戳		2022-05-27-17.26.10 389727
（印章：中国工商银行 电子回单专用章）		备注：			
		验证码：			
记账网点		00309	记账柜员	00039	记账日期 2022年05月27日

重要提示：

1.如果您是收款方，青岛工行网站www.icbc.com电子回单验证处进行回单验证。2.本回单不作为收款方发货依据，并请勿重复记账。3.您可以选择发送邮件，将此电子回单发送给指定的接收人。

3-10-3

消费税计算表

纳税人：烟台佳格集团股份有限公司　　2022年05月27日　　金额单位：元

项目	计税金额	计税数量	税率	应缴税额
白酒			20% 0.5元/斤	
合计				

财务主管：赵远　　复核：赵远　　制单：郭顺

3-11

附加税费计算表

纳税人：烟台佳格集团股份有限公司　　2022年05月31日　　金额单位：元

税费名称	计税（费）依据	税（费）率	本期应纳税（费）额
	消费税税额		
城市维护建设税		7%	
教育费附加		3%	
地方教育附加		2%	
合　　计	—	—	

财务主管：赵远　　复核：赵远　　制单：　郭顺

实验4 个人所得税会计模拟实验

【思政课堂】

薇娅偷税逃税案

2021年12月20日，税务部门公布了对网络主播黄薇（网名薇娅）偷逃税的处理结果。黄薇通过隐匿个人收入、虚构业务转换收入性质进行虚假申报偷逃税款，被依法追缴税款、加收滞纳金并处罚款，共计13.41亿元。据杭州市税务局有关负责人介绍，黄薇通过隐匿个人收入、虚构业务转换收入性质进行虚假申报等手段，偷逃税款6.43亿元，其他少缴税款0.6亿元。对其隐匿收入偷税但在检查立案后主动补缴和报告的部分，处0.6倍罚款；对其隐匿收入偷税未主动补缴的部分，处4倍罚款；对虚构业务转换收入性质虚假申报偷税的部分，处1倍罚款。

在2019年至2020年期间，黄薇通过隐匿其从直播平台取得的佣金收入虚假申报偷逃税款；通过设立上海蔚贺企业管理咨询中心、上海独苏企业管理咨询合伙企业等多家公司虚构业务，将其个人从事直播带货取得的佣金、坑位费等个人所得转换为个人独资企业、合伙企业等企业经营所得进行虚假申报偷逃税款；从事其他生产经营活动取得收入，未依法申报纳税。

资料来源：企鹅号. 隐匿个人收入、虚构业务转换收入：直播一姐薇娅偷逃税被罚13.41亿［EB/OL］.［2021-12-20］. https：//new.qq.com/omn/20211220/20211220A072VP00.html，有删节。

请思考：

1.黄薇将个人从事直播带货取得的个人所得转换为个人独资企业、合伙企业等企业经营所得为何会实现个人所得税税款偷逃？

2.直播带货为什么不能按照“经营所得”缴纳个人所得税？

3.“劳务报酬所得”与“经营所得”在个人所得税纳税申报时有何区别？

一、实验目的

1.掌握个人所得税各项应纳税所得额和应纳税额的计算方法。

2.掌握个人所得税税额的核算。

3.掌握个人所得税纳税申报表的填制方法。

二、实验要求

1.逐项计算个人所得税税额，填写“个人所得税应纳税额计算表”。

2.编制代扣代缴个人所得税的会计分录，填写“个人所得税扣缴申报表”。

3.填写“个人所得税年度自行纳税申报表”。

三、实验资料

1.模拟实验个人基本信息

姓名：张明宇

国籍：中国

身份证号码：370600199403150002

经常居住地：山东省烟台市莱山区港城东大街289号

邮政编码：264003

联系电话：17658221200

邮箱：zhangmingyu@163.com

受雇企业：山东学信教育有限公司

受雇企业纳税人识别号（统一社会信用代码）：9137010069807210QX

2.模拟实验个人2021年1月至12月的收入情况

（1）每月取得的工资、季度奖和年终奖，以及“三险一金”情况见表4-1。正在偿还首套住房贷款及利息；张明宇为独生子，其独生女正就读小学3年级；父母均已年过60岁。夫妻双方约定由张明宇扣除贷款利息和子女教育费。从1月份开始享受以上各项专项附加扣除。山东学信教育有限公司按规定代扣代缴了其个人所得税。年终奖按全年一次性奖金，单独计算纳税。

表4-1 **张明宇工资、薪金所得情况表** 单位：元

月份	基本工资	岗位工资	餐补	季度奖	应发工资	住房公积金	基本养老保险	基本医疗保险	失业保险	三险一金合计
1月	10 000	4 000	1 000		15 000	1 000	900	300	100	2 300
2月	10 000	4 000	1 000		15 000	1 000	900	300	100	2 300
3月	10 000	4 000	1 000	10 000	25 000	1 000	900	300	100	2 300
4月	10 000	4 000	1 000		15 000	1 000	900	300	100	2 300
5月	10 000	4 000	1 000		15 000	1 000	900	300	100	2 300
6月	10 000	4 000	1 000	10 000	25 000	1 000	900	300	100	2 300
7月	10 000	4 000	1 000		15 000	1 000	900	300	100	2 300
8月	10 000	4 000	1 000		15 000	1 000	900	300	100	2 300
9月	10 000	4 000	1 000	10 000	25 000	1 000	900	300	100	2 300
10月	10 000	4 000	1 000		15 000	1 000	900	300	100	2 300
11月	10 000	4 000	1 000		15 000	1 000	900	300	100	2 300
12月	10 000	4 000	1 000	10 000	25 000	1 000	900	300	100	2 300
年终奖					36 000					
合计					256 000					27 600

（2）6月完成甲公司委托的设计方案，取得设计费10 000元，甲公司按照规定代扣代缴了个人所得税。

（3）7月转让给乙公司一项非专利技术取得收入90 000元，乙公司按照规定代扣代缴了个人所得税。

（4）8月在国内专业杂志上发表文章两篇，分别取得稿酬3 500元和6 000元，杂志社未按规定代扣代缴个人所得税。

（5）取得本公司股权分红20 000元，山东学信教育有限公司按规定代扣代缴了个人所得税。

要求：

（1）逐项计算张明宇的个人所得税税额，并填写附表4-1“个人所得税应纳税额计算表”。

（2）编制山东学信教育有限公司代扣代缴张明宇11月个人所得税并缴纳税款的会计分录，填写附表4-2“个人所得税扣缴申报表”。

（3）根据事项（2）中甲公司代扣代缴的个人所得税，甲公司纳税人识别号为9137098267807345QW，填写附表4-3“个人所得税扣缴申报表”。

（4）填写附表4-4“个人所得税年度自行纳税申报表”。

实验5 企业所得税会计模拟实验

【思政课堂】

释放税惠红利 赋能企业发展

四川省自贡市税务部门以落实四川省《关于进一步深化税收征管改革的实施方案》为契机，全力落细落实各项减税降费政策，持续释放税费优惠政策红利，为企业发展减负卸担，不断激发市场主体活力，提振经济发展信心，为企业创新发展贡献税务力量。

在四川省南部，有一家专业化、精细化、特色化、高新化的中小型制造企业正茁壮成长。自贡工业阀门制造有限公司是自贡市一家生产阀门产品的制造企业，曾获“自贡市科技先导企业”和“四川省成长中小企业”等称号。

“我们公司是四川省机械厅和原机电部的定点企业和中国机械设备进出口公司四川分公司出口阀门的定点厂，当前需要扩产增量，急需人手。”自贡工业阀门制造有限公司负责人在向税务人员介绍企业情况时，提到用工压力问题引起了税务人员的重视，并为其详细讲解招录特定条件人员的税费优惠政策。听完税务人员的宣传解读后，该负责人眼前一亮说道：“我们可以招录优惠政策规定的人员，这样不仅解决了用工问题，还能享受到实实在在的税收减免，一举两得！”

“当前我们正处于转型升级的关键时期，税收优惠政策为公司产品研发，创新发展赋予了新动能，”该公司财务负责人介绍道，“今年税务人员主动上门进行研发费用加计扣除优惠政策宣传和纳税辅导时，告诉我们今年制造业研发费用加计扣除比例提高到了100%，并且在2021年10月预缴申报第3季度企业所得税时，可提前享受前三季度研发费用加计扣除优惠政策，优惠力度又加大了。”

据悉，自贡市税务局聚焦专精特新企业发展，分析全市专精特新企业特点，因企施策定制个性化服务套餐，拟定企业适用的税收政策“清单”，实地调研、服务，确保税收红利直达快享，以“税力量”助推专精特新企业发展壮大，让“小巨人”发展底气足。

资料来源：国家税务总局．四川自贡：释放税惠红利 赋能企业发展［EB/OL］．［2021-11-10］．http：//www.chinatax.gov.cn/chinatax/n810219/n810744/n4016641/n4172765/n4172775/c5170410/content.html，有删节。

请思考：

1.研发支出加计扣除优惠政策对企业有什么意义？

2.该材料对同学们的学习有什么启示？

一、实验目的

1.熟练掌握企业所得税季度预缴纳税申报表的填列与申报。

2.熟练掌握企业所得税年度纳税申报表的填列与申报。

二、实验要求

1.根据公司业务资料，计算公司第四季度应预缴的企业所得税税额。

2.根据公司经济业务发生情况，进行纳税调整，计算该公司2021年度应补缴的企业所得税税额。

3.填写企业所得税预缴纳税申报表、企业所得税纳税申报表的附表资料、企业所得税年度纳税申报表。

三、实验资料

1.企业基本信息

企业名称：丰华电子股份有限公司

企业组织机构代码：785209880

企业纳税人识别号：913706493021221347

企业地址：烟台市开发区银海路91号

法人代表：刘志远

注册资本：7 000万元

经营范围：甲、乙两种产品

企业开户银行及账号：建设银行烟台市开发区支行 8522671260890986323

职工人数：390人

财务负责人：林凯

办税员：刘琦

丰华电子股份有限公司，于2009年4月20日经山东省烟台市市场监督管理局注册登记成立，同年4月30日办理税务登记和增值税一般纳税人认定，该公司企业所得税采用按年度计算、分季据实预缴、年终汇算清缴的办法。2021年度，各季度员工人数分别为380人、384人、387人、393人，各季度资产总额分别为8 600万元、8 700万元、8 750万元、8 900万元。

2.2021年度企业经营资料

（1）企业收入汇总表见表5-1。

表5-1

2021年收入汇总表

单位：万元

项　目	第一季度	第二季度	第三季度	第四季度	总　计
1. 主营业务收入小计	1 850	1 650	1 950	2 050	7 500
（1）销售货物收入	1 850	1 650	1 950	2 050	7 500
2. 其他业务收入小计	70	100	100	115	385
（1）材料销售收入	70	80	70	80	300
（2）提供运输服务收入		20	30	35	85
3. 投资收益小计	14	14	19	14	61
4. 营业外收入小计			10	40	50
（1）处置固定资产净收益				20	20
（2）出售无形资产收益			10	20	30
总计	1 934	1 764	2 079	2 219	7 996

（2）企业成本费用汇总表见表5-2。

表5-2

2021年成本费用汇总表

单位：万元

项　目	第一季度	第二季度	第三季度	第四季度	总　计
1.主营业务成本小计	1 180	990	1 280	1 330	4 780
（1）销售货物成本	1 180	990	1 280	1 330	4 780
2.其他业务成本小计	52	68	70	70	260
（1）材料销售成本	52	58	50	40	200
（2）提供运输服务成本		10	20	30	60
3.营业外支出小计			20	48.6	68.6
（1）固定资产盘亏				11	11
（2）罚款支出			10	2	12
（3）捐赠支出				18.6	18.6
（4）非常损失			1		1
（5）赞助支出			9		9
（6）其他				17	17
4.期间费用小计	698	690	689	739	2 816
（1）销售费用	300	290	290	320	1 200
（2）管理费用	393	395	394	414	1 596
（3）财务费用	5	5	5	5	20
5.资产减值损失小计				1.4	1.4
总计	1 930	1 748	2 059	2 189	7 926

（3）企业流转税费汇总表（不考虑财政性规费）见表5-3。

表5-3

2021年流转税费汇总表

单位：万元

项　　目	第一季度	第二季度	第三季度	第四季度	总　计
1. 增值税	30	50	60	60	200
2. 城市维护建设税	2.1	3.5	4.2	4.2	14
3. 教育费附加	0.9	1.5	1.8	1.8	6
4. 地方教育附加	0.6	1	1.2	1.2	4
5. 地方水利建设基金	0.15	0.25	0.3	0.3	1
总计	33.75	56.25	67.5	67.5	225

（4）企业各季度会计利润及已预缴的企业所得税汇总表见表5-4。

表5-4

2021年企业各季度会计利润及已预缴企业所得税汇总表

单位：万元

项　目	第一季度	第二季度	第三季度	第四季度	总　计
会计利润额	0.25	9.75	12.5		
企业所得税	0.0625	2.4375	3.125		

（5）2022年3月，经聘请的会计师事务所审计，发现有关税收问题如下：

①全年实际发放的工资薪金为1 450万元（全部为合理的工资薪金支出），全年实际发生的福利费为215万元，全年发生的工会经费为32万元，全年发生的职工教育经费为40万元，取得了缴纳工会会费的相关票据。

②企业全年提取无形资产减值准备金1.4万元。

③收入总额7 996万元中包含国债利息收入5万元、金融债券利息收入24万元、直接投资于其他居民企业取得的权益性投资收益26万元。

④当年1月向非金融企业借款150万元，借款期限1年，年利率为10%，同期银行贷款利率为7%。企业所支付的借款利息费用共计15万元，全部计入财务费用。

⑤企业全年发生的业务招待费49万元、广告费和业务宣传费1 188万元，已全部从应纳税所得额中扣除。

⑥企业通过中国希望工程基金会向会宁小学捐赠甲产品一批，成本价16万元，市场销售价格20万元，企业核算时按成本价直接冲减了库存商品，按市场销售价格计算的增值税销项税额2.6万元与成本价合计18.6万元记入“营业外支出”账户。

⑦企业的营业外支出账户中包含行政性罚款5.3万元，银行借款超期罚款2.8万元，给购货方的回扣17万元，意外事故净损失1万元，非广告性赞助9万元，全都如实在税前扣除。

⑧管理费用账户中的技术研发费用为本年度开发新产品而发生的费用，共计28万元，尚未形成无形资产，会计上计入当期损益。

要求：

根据上述资料，填制企业所得税纳税调整工作底稿（见附表5-1），应纳税所得额计算表（见附表5-2），企业所得税应纳税额计算表（见附表5-3），企业所得税月（季）度预缴纳税申报表（见附表5-4）和企业所得税纳税申报表及附表资料（见附表5-5至附表5-14）。

实验6 其他主要税种会计模拟实验

【思政课堂】

凯宝药业公司：诚信纳税从细微处入手

上海凯宝药业股份有限公司成立于2000年，2010年1月8日登陆深圳A股市场。企业在诚信经营、持续发展中，始终把依法纳税作为最好的诚信名片，涉税管理从细微处入手，坚持依法诚信纳税，成为税务总局弘扬诚实守信美德，褒奖依法纳税行为的典型企业。

不放过任何一个可能的疏漏，是凯宝药业始终做到依法纳税的保证。对应缴纳的印花税、房产税等零星、小额的税款，定期组织自查，一丝不苟，仔细比对，确保不漏缴一分。

一次税收分析自查发现，由于经办人员的疏忽，漏缴2012年下半年的房产税18 176元，企业第一时间与税管员沟通，及时补缴税款，并以此为鉴重新规范流程，加强小税种申报管理，规定所有新签合同必须经过审计部门审计后方能加盖合同章，是否贴过印花税票就是审计的重点之一。

资料来源：国家税务总局．弘扬依法纳税好风尚 激荡诚实守信正能量［EB/OL］．［2014-05-05］．http：//www.chinatax.gov.cn/chinatax/n810219/n810724/n811741/c1114203/content.html，有删节。

请思考：

1.自2021年6月1日起，印花税、房产税等10个税种实行财产和行为税合并申报。请考虑什么是财产和行为税合并申报？其意义是什么？

2.通过上述案例，请从“诚信”角度谈谈你得到了什么启示。

实验6.1 房产税与城镇土地使用税会计模拟实验

一、实验目的

1.掌握房产税、城镇土地使用税的计算与核算。

2.掌握房产税、城镇土地使用税纳税申报表的填制方法。

二、实验要求

1.根据公司业务资料，填写公司房产税应纳税额计算表、城镇土地使用税应纳税额计算表。

2.填写房产税、城镇土地使用税相关纳税申报表。

三、实验资料

1.企业基本信息

企业名称：烟台市牟平区盛裕酒业股份有限公司

法定代表人：徐峰

财务负责人：罗鑫

办税人：刘晓蕾

财会人员共5人

纳税人识别号：91370612679243913H

开户银行：中国工商银行烟台市北关支行

账号：955002347316171567

企业地址及电话：烟台市牟平区北关大街79号　　0535-66900311

经营范围：葡萄酒、白酒等酒及相关制品的生产与销售

2.企业房产税经济业务

2021年涉税相关资料如下：

（1）该公司所在地房产原值扣除率为30%。

（2）2013年8月1日完成1号楼建造，建筑面积为6 000平方米，原值为6 000万元，预计使用年限30年，房屋登记卡见6-1-1。

（3）2013年9月15日完成2号楼建造，建筑面积为500平方米，原值为400万元，预计使用年限50年。该房屋于2021年4月30日以每月20 000元的价格出租给烟台捷诚批发商场，房屋登记卡见6-1-2。

（4）2013年11月12日完成3号楼建造，建筑面积为1 000平方米，原值为2 500万元，预计使用年限50年，房屋登记卡见6-1-3。

（5）2015年4月1日完成4号楼建造，建筑面积为600平方米，原值为500万元，预计使用年限30年，房屋登记卡见6-1-4。

3.企业城镇土地使用税经济业务

2021年涉税相关资料如下：

（1）该公司土地等级为二级，适用税额为8元/平方米。

（2）2021年1月1日，土地登记卡上反映的公司年初用地情况见6-1-5。

（3）该公司以出让方式获得用地，土地登记卡见6-1-6。

要求：

（1）根据公司业务资料，填制2021年第四季度房产税应纳税额计算表（见附表6-1）、2021年第四季度城镇土地使用税应纳税额计算表（见附表6-2）。

（2）填写2021年第四季度城镇土地使用税 房产税税源明细表（见附表6-3）、财产和行为税减免税明细申报附表（见附表6-4）、财产和行为税纳税申报表（见附表6-5）。

6-1-1

房屋登记卡（正面）

房屋编号：1号楼　　　　　　　　　　　　　　　　　　　　　　　金额单位：万元

<table>
<tr><td rowspan="3">财产</td><td>统一</td><td colspan="2"></td><td colspan="4" rowspan="3">设卡日期：
2013年8月1日</td></tr>
<tr><td>分类</td><td colspan="2">房屋建筑物</td></tr>
<tr><td>编号</td><td colspan="2">01</td></tr>
<tr><td rowspan="8">建筑物标示</td><td>基地坐落</td><td colspan="2">烟台市牟平区北关大街79号</td><td colspan="2">使用单位</td><td colspan="2">用　途</td></tr>
<tr><td>楼号或门牌</td><td colspan="2">1号楼</td><td colspan="2" rowspan="2">集团公司</td><td colspan="2" rowspan="2">生产用房</td></tr>
<tr><td>保存登记</td><td colspan="2"></td></tr>
<tr><td>来源</td><td colspan="2">自建</td><td>屋顶</td><td>屋架</td><td>墙面</td><td>地面</td></tr>
<tr><td>建筑日期</td><td colspan="2">2010年11月25日</td><td rowspan="4">水泥顶</td><td rowspan="4">框架结构</td><td rowspan="4">混砖</td><td rowspan="4">水泥</td></tr>
<tr><td>使用年限</td><td colspan="2">30年</td></tr>
<tr><td>原始总值</td><td colspan="2">6 000</td></tr>
<tr><td>式样</td><td colspan="2"></td></tr>
<tr><td rowspan="3">建筑面积</td><td>层次</td><td>面积（平方米）</td><td>户型</td><td colspan="4">备　注</td></tr>
<tr><td>合计</td><td>6 000</td><td></td><td colspan="4" rowspan="2"></td></tr>
<tr><td>其中：</td><td></td><td></td></tr>
</table>

6-1-2

房屋登记卡（正面）

房屋编号：2号楼　　　　　　　　　　　　　　　　　　　　　　　金额单位：万元

<table>
<tr><td rowspan="3">财产</td><td>统一</td><td colspan="2"></td><td colspan="4" rowspan="3">设卡日期：
2013年9月15日</td></tr>
<tr><td>分类</td><td colspan="2">房屋建筑物</td></tr>
<tr><td>编号</td><td colspan="2">02</td></tr>
<tr><td rowspan="8">建筑物标示</td><td>基地坐落</td><td colspan="2">烟台市牟平区北关大街79号</td><td colspan="2">使用单位</td><td colspan="2">用　途</td></tr>
<tr><td>楼号或门牌</td><td colspan="2">2号楼</td><td colspan="2" rowspan="2"></td><td colspan="2" rowspan="2">出租</td></tr>
<tr><td>保存登记</td><td colspan="2"></td></tr>
<tr><td>来源</td><td colspan="2">自建</td><td>屋顶</td><td>屋架</td><td>墙面</td><td>地面</td></tr>
<tr><td>建筑日期</td><td colspan="2">2012年12月10日</td><td rowspan="4">水泥顶</td><td rowspan="4">框架结构</td><td rowspan="4">混砖</td><td rowspan="4">水泥</td></tr>
<tr><td>使用年限</td><td colspan="2">50年</td></tr>
<tr><td>原始总值</td><td colspan="2">400</td></tr>
<tr><td>式样</td><td colspan="2"></td></tr>
<tr><td rowspan="3">建筑面积</td><td>层次</td><td>面积（平方米）</td><td>户型</td><td colspan="4">备　注</td></tr>
<tr><td>合计</td><td>500</td><td></td><td colspan="4" rowspan="2">2021年4月30日出租给烟台捷诚批发商场，协议规定，每月收取房屋租金20 000元，期限5年</td></tr>
<tr><td>其中：</td><td></td><td></td></tr>
</table>

6-1-3

房屋登记卡（正面）

房屋编号：3号楼　　　　　　　　　　　　　　　　　　　　　金额单位：万元

<table>
<tr><td rowspan="3">财产</td><td>统一</td><td colspan="2"></td><td colspan="4" rowspan="3">设卡日期：
2013年11月12日</td></tr>
<tr><td>分类</td><td colspan="2">房屋建筑物</td></tr>
<tr><td>编号</td><td colspan="2">03</td></tr>
<tr><td rowspan="8">建筑物标示</td><td>基地坐落</td><td colspan="2">烟台市牟平区北关大街79号</td><td colspan="2">使用单位</td><td colspan="2">用　途</td></tr>
<tr><td>楼号或门牌</td><td colspan="2">3号楼</td><td colspan="2" rowspan="2">集团公司</td><td colspan="2" rowspan="2">行政办公用房</td></tr>
<tr><td>保存登记</td><td colspan="2"></td></tr>
<tr><td>来源</td><td colspan="2">自建</td><td>屋顶</td><td>屋架</td><td>墙面</td><td>地面</td></tr>
<tr><td>建筑日期</td><td colspan="2">2011年10月15日</td><td rowspan="4">水泥顶、琉璃瓦</td><td rowspan="4">框架结构</td><td rowspan="4">混砖</td><td rowspan="4">大理石</td></tr>
<tr><td>使用年限</td><td colspan="2">50年</td></tr>
<tr><td>原始总值</td><td colspan="2">2 500</td></tr>
<tr><td>式样</td><td colspan="2"></td></tr>
<tr><td rowspan="3">建筑面积</td><td>层次</td><td>面积（平方米）</td><td>户型</td><td colspan="4">备　注</td></tr>
<tr><td>合计</td><td>1 000</td><td></td><td colspan="4" rowspan="2"></td></tr>
<tr><td>其中：</td><td></td><td></td></tr>
</table>

6-1-4

房屋登记卡（正面）

房屋编号：4号楼　　　　　　　　　　　　　　　　　　　　　金额单位：万元

<table>
<tr><td rowspan="3">财产</td><td>统一</td><td colspan="2"></td><td colspan="4" rowspan="3">设卡日期：
2015年4月1日</td></tr>
<tr><td>分类</td><td colspan="2">房屋建筑物</td></tr>
<tr><td>编号</td><td colspan="2">04</td></tr>
<tr><td rowspan="8">建筑物标示</td><td>基地坐落</td><td colspan="2">烟台市牟平区北关大街79号</td><td colspan="2">使用单位</td><td colspan="2">用　途</td></tr>
<tr><td>楼号或门牌</td><td colspan="2">4号楼</td><td colspan="2" rowspan="2"></td><td colspan="2" rowspan="2">投资</td></tr>
<tr><td>保存登记</td><td colspan="2"></td></tr>
<tr><td>来源</td><td colspan="2">自建</td><td>屋顶</td><td>屋架</td><td>墙面</td><td>地面</td></tr>
<tr><td>建筑日期</td><td colspan="2">2013年7月10日</td><td rowspan="4">水泥顶</td><td rowspan="4">框架结构</td><td rowspan="4">混砖</td><td rowspan="4">瓷砖</td></tr>
<tr><td>使用年限</td><td colspan="2">30年</td></tr>
<tr><td>原始总值</td><td colspan="2">500</td></tr>
<tr><td>式样</td><td colspan="2"></td></tr>
<tr><td rowspan="3">建筑面积</td><td>层次</td><td>面积（平方米）</td><td>户型</td><td colspan="4">备　注</td></tr>
<tr><td>合计</td><td>600</td><td></td><td colspan="4" rowspan="2">2021年7月30日，投资给烟台鑫达食品有限公司使用，协议规定，每月向烟台鑫达食品有限公司收取固定收入30 000元，期限5年</td></tr>
<tr><td>其中：</td><td></td><td></td></tr>
</table>

6-1-5

公司用地情况一览表

序号	用地项目	坐落地点	占用土地面积	土地等级	土地性质
1	生产车间用地	烟台市牟平区北关大街79号	3 000m^2	二级	国有
2	综合楼用地	烟台市牟平区北关大街79号	500m^2	二级	国有
3	办公楼用地	烟台市牟平区北关大街79号	400m^2	二级	国有
4	厂区内道路用地	烟台市牟平区北关大街79号	8 000m^2	二级	国有
5	厂区外公园用地	烟台市牟平区北关大街79号	5 000m^2	二级	国有
合计		二级用地：16 900m^2			

6-1-6

土地登记卡

金额单位：元

<table>
<tr><td rowspan="3">财产</td><td>统一</td><td></td><td>设卡日期</td><td>清查编号</td></tr>
<tr><td>分类</td><td>土地</td><td rowspan="2">2014年10月15日</td><td rowspan="2">查字第01号</td></tr>
<tr><td>编号</td><td>01</td></tr>
</table>

<table>
<tr><td rowspan="4">土地标示</td><td>坐落</td><td>烟台市牟平区</td><td rowspan="2">新地名</td><td>烟台市牟平区盛裕酒业股份有限公司</td><td rowspan="4">所有权记录</td><td>所有权人</td><td>烟台市政府</td></tr>
<tr><td>地号</td><td>005号</td><td>牟平区北关大街79号</td><td>购置日期</td><td>2010年8月20日</td></tr>
<tr><td>地目</td><td>工业用地</td><td rowspan="2">面积</td><td>1.69公顷</td><td>所有权证字号</td><td>NO.012007754</td></tr>
<tr><td>等级</td><td>二级</td><td>1.69万平方米</td><td>土地使用现状</td><td>在用</td></tr>
</table>

<table>
<tr><td colspan="5">土地成本</td><td colspan="3">租赁（编号）：</td></tr>
<tr><td>付款日期</td><td>成本项目</td><td>年限</td><td>税率</td><td>金额</td><td colspan="3">所有权人核准文号</td></tr>
<tr><td></td><td>地价款</td><td>70</td><td></td><td>850 000 000</td><td>期限</td><td>年租金</td><td>本期租金</td></tr>
<tr><td></td><td>契税</td><td></td><td>4%</td><td>34 000 000</td><td></td><td></td><td></td></tr>
<tr><td></td><td>其他费用</td><td></td><td></td><td>200 000</td><td></td><td></td><td></td></tr>
<tr><td>合计</td><td></td><td></td><td></td><td>884 200 000</td><td></td><td></td><td></td></tr>
</table>

<table>
<tr><td rowspan="3">他项权利设定</td><td rowspan="2">权利人姓名</td><td rowspan="2">地址</td><td rowspan="2">登记原因</td><td rowspan="2">登记日期</td><td rowspan="2">字号</td><td rowspan="2">存续时间</td><td rowspan="2">证明书字号</td><td rowspan="2">审定日期</td><td colspan="2">申请注销登记</td></tr>
<tr><td>日期</td><td>字号</td></tr>
<tr><td></td><td></td><td></td><td></td><td></td><td></td><td></td><td></td><td></td><td></td></tr>
</table>

实验6.2　印花税会计模拟实验

一、实验目的

1.掌握印花税的计算与核算。

2.掌握印花税纳税申报表的填制方法。

二、实验要求

1.根据公司业务资料，计算公司应缴纳的印花税税额。

2.填写印花税相关纳税申报表。

三、实验资料

1.企业基本信息

企业名称：怡润实业有限责任公司

企业性质：有限责任公司

法定代表人：许佳伟

财务负责人：李谨淑

办税人：何芳

财会人员共5人

纳税人识别号：91370613MA3BYE495D

开户银行：中国建设银行烟台市莱山支行滨海分理处

账　号：6217002190017785466

企业地址及电话：烟台市莱山区芙蓉路63号　　0535-66903651

生产经营范围：服装、鞋帽、床上用品、窗帘等纺织用品的生产与销售

2.企业经济业务

（1）2022年10月5日，向烟台市市场监督管理局申请办理注册登记，领取企业法人营业执照正、副本各一本。（原始凭证代号：6-2-1、6-2-2）

（2）2022年10月8日，与烟台盛隆有限责任公司签订窗帘购销合同，合同金额为350万元。

（3）2022年10月15日，与中国工商银行莱山区支行签订了一份流动资金贷款合同，贷款金额200万元，贷款期限为2年，年利率为5.8%。

（4）2022年10月21日，与烟台华顺服饰有限公司签订了一项财产租赁合同，承租一处仓库，租期为3年，年租金100 000元。

（5）2022年10月28日，公司根据生产经营以及会计核算的需要，设立了2本日记账、1本总分类账、9本明细分类账，另外还设立了固定资产登记簿和往来备查簿等账簿4本。其中，记载资金的账簿中，实收资本为6 000万元，资本公积为500万元。

要求：

根据公司业务资料，填写2022年10月印花税税源明细表（见附表6-6）、财产和行为税减免税明细申报附表（见附表6-7）、财产和行为税纳税申报表（见附表6-8）。

6-2-1

统一社会信用代码
91370613MA3BYE495D

营业执照

扫描二维码登录"国家企业信用信息公示系统"了解更多登记、备案、许可、监管信息

名　　　　称　怡润实业有限责任公司
类　　　　型　有限责任公司
法定代表人　许佳伟
经　营　范　围　服装、鞋帽、床上用品、窗帘等纺织用品的生产与销售

注册资本　陆仟万元整
成立日期　2022年10月5日
住　　所　烟台市莱山区芙蓉路63号

登记机关
2022年10月5日

6-2-2

统一社会信用代码
91370613MA3BYE495D

营业执照

（副　本）

扫描二维码登录"国家企业信用信息公示系统"了解更多登记、备案、许可、监管信息

名　　　　称　怡润实业有限责任公司
类　　　　型　有限责任公司
法定代表人　许佳伟
经　营　范　围　服装、鞋帽、床上用品、窗帘等纺织用品的生产与销售

注册资本　陆仟万元整
成立日期　2022年10月5日
住　　所　烟台市莱山区芙蓉路63号

登记机关
2022年10月5日

附录　模拟实验材料

附表 2-1

应交税费——未交增值税 明细账

年		凭证号数	摘要	借方	贷方	借或贷	余额
月	日						

附表 2-2

应交税费——应交增值税　明细账

年		凭证号数	摘要	借方							贷方					借或贷	余额
月	日			进项税额	已交税金	销项税额抵减	减免税额	出口抵减内销产品应纳税额	转出未交增值税	合计	销项税额	出口退税	进项税额转出	转出多交增值税	合计		

附表 2-3

增值税及附加税费申报表附列资料（一）

（本期销售情况明细）

税款所属时间：　年　月　日至　年　月　日

纳税人名称：(公章)　　　　金额单位：元(列至角分)

项目及栏次				开具增值税专用发票		开具其他发票		未开具发票		纳税检查调整		合计			服务、不动产和无形资产扣除项目本期实际扣除金额	扣除后	
				销售额	销项（应纳）税额	销售额	销项（应纳）税额	销售额	销项（应纳）税额	销售额	销项（应纳）税额	销售额	销项（应纳）税额	价税合计		含税（免税）销售额	销项(应纳)税额
				1	2	3	4	5	6	7	8	9=1+3+5+7	10=2+4+6+8	11=9+10	12	13=11-12	14=13÷(100%+税率或征收率)×税率或征收率
一、一般计税方法计税	全部征税项目	13%税率的货物及加工修理修配劳务	1											—	—	—	—
		13%税率的服务、不动产和无形资产	2														
		9%税率的货物及加工修理修配劳务	3												—	—	—
		9%税率的服务、不动产和无形资产	4														
		6%税率	5														
	其中：即征即退项目	即征即退货物及加工修理修配劳务	6	—	—	—	—	—	—	—	—			—	—	—	—
		即征即退服务、不动产和无形资产	7	—	—	—	—	—	—	—	—						
二、简易计税方法计税	全部征税项目	6%征收率	8							—	—			—	—	—	—
		5%征收率的货物及加工修理修配劳务	9a							—	—			—	—	—	—
		5%征收率的服务、不动产和无形资产	9b							—	—						
		4%征收率	10							—	—			—	—	—	—
		3%征收率的货物及加工修理修配劳务	11							—	—			—	—	—	—
		3%征收率的服务、不动产和无形资产	12							—	—						
		预征率　%	13a							—	—						
		预征率　%	13b							—	—						
		预征率　%	13c							—	—						
	其中：即征即退项目	即征即退货物及加工修理修配劳务	14	—	—	—	—	—	—	—	—			—	—	—	—
		即征即退服务、不动产和无形资产	15	—	—	—	—	—	—	—	—						
三、免抵退税		货物及加工修理修配劳务	16	—	—		—		—	—	—		—	—	—	—	—
		服务、不动产和无形资产	17	—	—		—		—	—	—		—				—
四、免税		货物及加工修理修配劳务	18				—		—	—	—		—	—	—	—	—
		服务、不动产和无形资产	19	—	—		—		—	—	—		—				—

附表 2-4

增值税及附加税费申报表附列资料（二）

（本期进项税额明细）

税款所属时间：　　年　月　日至　　年　月　日

纳税人名称：（公章）　　　　金额单位：元（列至角分）

一、申报抵扣的进项税额				
项目	栏次	份数	金额	税额
（一）认证相符的增值税专用发票	1=2+3			
其中：本期认证相符且本期申报抵扣	2			
前期认证相符且本期申报抵扣	3			
（二）其他扣税凭证	4=5+6+7+8a+8b			
其中：海关进口增值税专用缴款书	5			
农产品收购发票或者销售发票	6			
代扣代缴税收缴款凭证	7		—	
加计扣除农产品进项税额	8a	—	—	
其他	8b			
（三）本期用于购建不动产的扣税凭证	9			
（四）本期用于抵扣的旅客运输服务扣税凭证	10			
（五）外贸企业进项税额抵扣证明	11	—	—	
当期申报抵扣进项税额合计	12=1+4+11			
二、进项税额转出额				
项目	栏次	税额		
本期进项税转出额	13=14至23之和			
其中：免税项目用	14			
集体福利、个人消费	15			
非正常损失	16			
简易计税办法征税项目用	17			
免抵退税办法不得抵扣的进项税额	18			
纳税检查调减进项税额	19			
红字专用发票信息表注明的进项税额	20			
上期留抵税额抵减欠税	21			
上期留抵税额退税	22			
异常凭证转出进项税额	23a			
其他应作进项税额转出的情形	23b			
三、待抵扣进项税额				
项目	栏次	份数	金额	税额
（一）认证相符的增值税专用发票	24	—	—	—
期初已认证相符但未申报抵扣	25			
本期认证相符且本期未申报抵扣	26			
期末已认证相符但未申报抵扣	27			
其中：按照税法规定不允许抵扣	28			
（二）其他扣税凭证	29=30至33之和			
其中：海关进口增值税专用缴款书	30			
农产品收购发票或者销售发票	31			
代扣代缴税收缴款凭证	32		—	
其他	33			
	34			
四、其他				
项目	栏次	份数	金额	税额
本期认证相符的增值税专用发票	35			
代扣代缴税额	36	—	—	

附表 2-5

增值税及附加税费申报表附列资料（五）

（附加税费情况表）

纳税人名称:(公章)　　　　税(费)款所属时间:　　年　月　日至　　年　月　日　　　　金额单位:元(列至角分)

税（费）种		计税（费）依据			税（费）率（%）	本期应纳税（费）额	本期减免税（费）额		试点建设培育产教融合型企业		本期已缴税（费）额	本期应补（退）税（费）额
		增值税税额	增值税免抵税额	留抵退税本期扣除额			减免性质代码	减免税（费）额	减免性质代码	本期抵免金额		
		1	2	3	4	5=（1+2-3）×4	6	7	8	9	10	11=5-7-9-10
城市维护建设税	1								—	—		
教育费附加	2											
地方教育附加	3											
合计	4	—	—	—	—		—		—			
本期是否适用试点建设培育产教融合型企业抵免政策					□是 □否	当期新增投资额				5		
						上期留抵可抵免金额				6		
						结转下期可抵免金额				7		
可用于扣除的增值税留抵退税额使用情况						当期新增可用于扣除的留抵退税额				8		
						上期结存可用于扣除的留抵退税额				9		
						结转下期可用于扣除的留抵退税额				10		

附表 2-6

增值税及附加税费申报表

（一般纳税人适用）

根据国家税收法律法规及增值税相关规定制定本表。纳税人不论有无销售额，均应按税务机关核定的纳税期限填写本表，并向当地税务机关申报。

税款所属时间：自　　年　月　日至　　年　月　日　　填表日期：　　年　月　日　　　　　　金额单位：元（列至角分）

纳税人识别号（统一社会信用代码）：　　　　　　　　　　　　　　　　　　　　　　　　　　所属行业：

纳税人名称		法定代表人姓名		注册地址		生产经营地址	
开户银行及账号		登记注册类型				电话号码	

项目		栏次	一般项目		即征即退项目	
			本月数	本年累计	本月数	本年累计
销售额	（一）按适用税率计税销售额	1				
	其中：应税货物销售额	2				
	应税劳务销售额	3				
	纳税检查调整的销售额	4				
	（二）按简易办法计税销售额	5				
	其中：纳税检查调整的销售额	6				
	（三）免、抵、退办法出口销售额	7			—	—
	（四）免税销售额	8			—	—
	其中：免税货物销售额	9			—	—
	免税劳务销售额	10			—	—
税款计算	销项税额	11				
	进项税额	12				
	上期留抵税额	13				—
	进项税额转出	14				
	免、抵、退应退税额	15			—	—
	按适用税率计算的纳税检查应补缴税额	16			—	—
	应抵扣税额合计	17=12+13-14-15+16		—		—
	实际抵扣税额	18（如17<11，则为17，否则为11）				
	应纳税额	19=11-18				
	期末留抵税额	20=17-18				—
	简易计税办法计算的应纳税额	21				
	按简易计税办法计算的纳税检查应补缴税额	22			—	—
	应纳税额减征额	23				
	应纳税额合计	24=19+21-23				

续表

项目		栏次	一般项目		即征即退项目	
			本月数	本年累计	本月数	本年累计
税款缴纳	期初未缴税额（多缴为负数）	25				
	实收出口开具专用缴款书退税额	26			—	—
	本期已缴税额	27=28+29+30+31				
	①分次预缴税额	28		—		—
	②出口开具专用缴款书预缴税额	29		—	—	—
	③本期缴纳上期应纳税额	30				
	④本期缴纳欠缴税额	31				
	期末未缴税额（多缴为负数）	32=24+25+26-27				
	其中：欠缴税额（≥0）	33=25+26-27		—		—
	本期应补（退）税额	34=24-28-29		—		—
	即征即退实际退税额	35	—	—		
	期初未缴查补税额	36			—	—
	本期入库查补税额	37			—	—
	期末未缴查补税额	38=16+22+36-37			—	—
附加税费	城市维护建设税本期应补（退）税额	39			—	—
	教育费附加本期应补（退）费额	40			—	—
	地方教育附加本期应补（退）费额	41			—	—

声明：此表是根据国家税收法律法规及相关规定填写的，本人（单位）对填报内容（及附带资料）的真实性、可靠性、完整性负责。

纳税人（签章）：　　年　月　日

经办人：
经办人身份证号：
代理机构签章：
代理机构统一社会信用代码：

受理人：
受理税务机关（章）：　　受理日期：　　年　月　日

附表 3-1

应交税费——应交消费税 明细账

年		凭证号数	摘要	借方	贷方	借或贷	余额
月	日						

附表3-2

本期准予扣除税额计算表

金额单位：元（列至角分）

<table>
<tr><td colspan="4">应税消费品名称
准予扣除项目</td><td></td><td></td><td></td><td>合计</td></tr>
<tr><td colspan="2" rowspan="5">一、本期准予扣除的委托加工应税消费品已纳税款计算</td><td>期初库存委托加工应税消费品已纳税款</td><td>1</td><td></td><td></td><td></td><td></td></tr>
<tr><td>本期收回委托加工应税消费品已纳税款</td><td>2</td><td></td><td></td><td></td><td></td></tr>
<tr><td>期末库存委托加工应税消费品已纳税款</td><td>3</td><td></td><td></td><td></td><td></td></tr>
<tr><td>本期领用不准予扣除委托加工应税消费品已纳税款</td><td>4</td><td></td><td></td><td></td><td></td></tr>
<tr><td>本期准予扣除委托加工应税消费品已纳税款</td><td>5=1+2−3−4</td><td></td><td></td><td></td><td></td></tr>
<tr><td rowspan="13">二、本期准予扣除的外购应税消费品已纳税款计算</td><td rowspan="6">（一）从价计税</td><td>期初库存外购应税消费品买价</td><td>6</td><td></td><td></td><td></td><td></td></tr>
<tr><td>本期购进应税消费品买价</td><td>7</td><td></td><td></td><td></td><td></td></tr>
<tr><td>期末库存外购应税消费品买价</td><td>8</td><td></td><td></td><td></td><td></td></tr>
<tr><td>本期领用不准予扣除外购应税消费品买价</td><td>9</td><td></td><td></td><td></td><td></td></tr>
<tr><td>适用税率</td><td>10</td><td></td><td></td><td></td><td></td></tr>
<tr><td>本期准予扣除外购应税消费品已纳税款</td><td>11=(6+7−8−9)×10</td><td></td><td></td><td></td><td></td></tr>
<tr><td rowspan="7">（二）从量计税</td><td>期初库存外购应税消费品数量</td><td>12</td><td></td><td></td><td></td><td></td></tr>
<tr><td>本期外购应税消费品数量</td><td>13</td><td></td><td></td><td></td><td></td></tr>
<tr><td>期末库存外购应税消费品数量</td><td>14</td><td></td><td></td><td></td><td></td></tr>
<tr><td>本期领用不准予扣除外购应税消费品数量</td><td>15</td><td></td><td></td><td></td><td></td></tr>
<tr><td>适用税率</td><td>16</td><td></td><td></td><td></td><td></td></tr>
<tr><td>计量单位</td><td>17</td><td></td><td></td><td></td><td></td></tr>
<tr><td>本期准予扣除的外购应税消费品已纳税款</td><td>18=(12+13−14−15)×16</td><td></td><td></td><td></td><td></td></tr>
<tr><td colspan="3">三、本期准予扣除税款合计</td><td>19=5+11+18</td><td></td><td></td><td></td><td></td></tr>
</table>

附表 3-3

本期委托加工收回情况报告表

金额单位：元（列至角分）

一、委托加工收回应税消费品代收代缴税款情况

应税消费品名称	商品和服务税收分类编码	委托加工收回应税消费品数量	委托加工收回应税消费品计税价格	适用税率		受托方已代收代缴的税款	受托方（扣缴义务人）名称	受托方（扣缴义务人)识别号	税收缴款书（代扣代收专用）号码	税收缴款书（代扣代收专用）开具日期
				定额税率	比例税率					
1	2	3	4	5	6	7=3×5+4×6	8	9	10	11

二、委托加工收回应税消费品领用存情况

应税消费品名称	商品和服务税收分类编码	上期库存数量	本期委托加工收回入库数量	本期委托加工收回直接销售数量	本期委托加工收回用于连续生产数量	本期结存数量
1	2	3	4	5	6	7=3+4-5-6

附表3-4

消费税附加税费计算表

金额单位：元（列至角分）

税（费）种	计税（费）依据	税（费）率（%）	本期应纳税（费）额	本期减免税（费）额		本期是否适用增值税小规模纳税人“六税两费”减征政策		本期已缴税（费）额	本期应补（退）税（费）额
						□是 □否			
	消费税税额			减免性质代码	减免税（费）额	减征比例（%）	减征额		
	1	2	3=1×2	4	5	6	7=（3-5）×6	8	9=3-5-7-8
城市维护建设税									
教育费附加									
地方教育附加									
合计	—	—		—		—			

附表3-5

消费税及附加税费申报表

税款所属期：自　　年　月　日至　　年　月　日

纳税人识别号（统一社会信用代码）：□□□□□□□□□□□□□□□□□□

纳税人名称：　　　　　　　　　　　　　　　　　　金额单位：人民币元（列至角分）

项目 应税消费品名称	适用税率		计量单位	本期销售数量	本期销售额	本期应纳税额
	定额税率	比例税率				
	1	2	3	4	5	6=1×4+2×5
合计	—	—	—	—	—	

	栏次	本期税费额
本期减（免）税额	7	
期初留抵税额	8	
本期准予扣除税额	9	
本期应扣除税额	10=8+9	
本期实际扣除税额	11［10<（6-7），则为10，否则为6-7］	
期末留抵税额	12=10-11	
本期预缴税额	13	
本期应补（退）税额	14=6-7-11-13	
城市维护建设税本期应补（退）税额	15	
教育费附加本期应补（退）费额	16	
地方教育附加本期应补（退）费额	17	

声明：此表是根据国家税收法律法规及相关规定填写的，本人（单位）对填报内容（及附带资料）的真实性、可靠性、完整性负责。

纳税人（签章）：　　　　　　　　　　　　　　　　　　年　月　日

经办人： 经办人身份证号： 代理机构签章： 代理机构统一社会信用代码：	受理人： 受理税务机关（章）： 受理日期：　　年　月　日

附表4-1

个人所得税应纳税额计算表

序号	所得项目	收入额	“三险一金”	减除费用	专项附加扣除	免税收入	累计所得额	税率	速算扣除数	累计应纳税额	累计已预扣预缴税额	本期应预扣预缴税额
1												
2												
3												
4												
5												
6												
7												
8												
9												
10												
11												
12												
13												
14												
15												
16												
17												
合计												

附表4-2

个人所得税扣缴申报表

税款所属期：　　年　月　日至　　年　月　日

扣缴义务人名称：

扣缴义务人纳税人识别号（统一社会信用代码）：□□□□□□□□□□□□□□□□□□□□　　金额单位：人民币元（列至角分）

							本月（次）情况															累计情况											税款计算							
							收入额计算				专项扣除				其他扣除									累计专项附加扣除																
序号	姓名	身份证件类型	身份证件号码	纳税人识别号	是否为非居民个人	所得项目	收入	费用	免税收入	减除费用	基本养老保险费	基本医疗保险费	失业保险费	住房公积金	年金	商业健康保险	税延养老保险	财产原值	允许扣除的税费	其他	累计收入额	累计减除费用	累计专项扣除	子女教育	继续教育	住房贷款利息	住房租金	赡养老人	3岁以下婴幼儿照护	累计其他扣除	减按计税比例	准予扣除的捐赠额	应纳税所得额	税率/预扣率	速算扣除数	应纳税额	减免税额	已缴税额	应补/退税额	备注
1	2	3	4	5	6	7	8	9	10	11	12	13	14	15	16	17	18	19	20	21	22	23	24	25	26	27	28	29	30	31	32	33	34	35	36	37	38	39	40	41
合计																																								

谨声明：本表是根据国家税收法律法规及相关规定填报的，是真实的、可靠的、完整的。

扣缴义务人（签章）：　　　　年　月　日

经办人签字： 经办人身份证件号码： 代理机构签章： 代理机构统一社会信用代码：	受理人： 受理税务机关（章）： 受理日期：　　年　月　日

国家税务总局监制

附表 4-3

个人所得税扣缴申报表

税款所属期：　　年　月　日至　　年　月　日

扣缴义务人名称：

扣缴义务人纳税人识别号（统一社会信用代码）：□□□□□□□□□□□□□□□□□□□□　　金额单位：人民币元（列至角分）

<table>
<tr><td rowspan="3">序号</td><td rowspan="3">姓名</td><td rowspan="3">身份证件类型</td><td rowspan="3">身份证件号码</td><td rowspan="3">纳税人识别号</td><td rowspan="3">是否为非居民个人</td><td rowspan="3">所得项目</td><td colspan="14">本月（次）情况</td><td rowspan="3">累计收入额</td><td colspan="9">累计情况</td><td rowspan="3">减按计税比例</td><td rowspan="3">准予扣除的捐赠额</td><td colspan="7">税款计算</td><td rowspan="3">备注</td></tr>
<tr><td colspan="3">收入额计算</td><td rowspan="2">减除费用</td><td colspan="4">专项扣除</td><td colspan="6">其他扣除</td><td rowspan="2">累计减除费用</td><td rowspan="2">累计专项扣除</td><td colspan="6">累计专项附加扣除</td><td rowspan="2">累计其他扣除</td><td rowspan="2">应纳税所得额</td><td rowspan="2">税率/预扣率</td><td rowspan="2">速算扣除数</td><td rowspan="2">应纳税额</td><td rowspan="2">减免税额</td><td rowspan="2">已缴税额</td><td rowspan="2">应补/退税额</td></tr>
<tr><td>收入</td><td>费用</td><td>免税收入</td><td>基本养老保险费</td><td>基本医疗保险费</td><td>失业保险费</td><td>住房公积金</td><td>年金</td><td>商业健康保险</td><td>税延养老保险</td><td>财产原值</td><td>允许扣除的税费</td><td>其他</td><td>子女教育</td><td>继续教育</td><td>住房贷款利息</td><td>住房租金</td><td>赡养老人</td><td>3岁以下婴幼儿照护</td></tr>
<tr><td>1</td><td>2</td><td>3</td><td>4</td><td>5</td><td>6</td><td>7</td><td>8</td><td>9</td><td>10</td><td>11</td><td>12</td><td>13</td><td>14</td><td>15</td><td>16</td><td>17</td><td>18</td><td>19</td><td>20</td><td>21</td><td>22</td><td>23</td><td>24</td><td>25</td><td>26</td><td>27</td><td>28</td><td>29</td><td>30</td><td>31</td><td>32</td><td>33</td><td>34</td><td>35</td><td>36</td><td>37</td><td>38</td><td>39</td><td>40</td><td>41</td></tr>
<tr><td></td><td></td><td></td><td></td><td></td><td></td><td></td><td></td><td></td><td></td><td></td><td></td><td></td><td></td><td></td><td></td><td></td><td></td><td></td><td></td><td></td><td></td><td></td><td></td><td></td><td></td><td></td><td></td><td></td><td></td><td></td><td></td><td></td><td></td><td></td><td></td><td></td><td></td><td></td><td></td><td></td></tr>
<tr><td></td><td></td><td></td><td></td><td></td><td></td><td></td><td></td><td></td><td></td><td></td><td></td><td></td><td></td><td></td><td></td><td></td><td></td><td></td><td></td><td></td><td></td><td></td><td></td><td></td><td></td><td></td><td></td><td></td><td></td><td></td><td></td><td></td><td></td><td></td><td></td><td></td><td></td><td></td><td></td><td></td></tr>
<tr><td></td><td></td><td></td><td></td><td></td><td></td><td></td><td></td><td></td><td></td><td></td><td></td><td></td><td></td><td></td><td></td><td></td><td></td><td></td><td></td><td></td><td></td><td></td><td></td><td></td><td></td><td></td><td></td><td></td><td></td><td></td><td></td><td></td><td></td><td></td><td></td><td></td><td></td><td></td><td></td><td></td></tr>
<tr><td></td><td></td><td></td><td></td><td></td><td></td><td></td><td></td><td></td><td></td><td></td><td></td><td></td><td></td><td></td><td></td><td></td><td></td><td></td><td></td><td></td><td></td><td></td><td></td><td></td><td></td><td></td><td></td><td></td><td></td><td></td><td></td><td></td><td></td><td></td><td></td><td></td><td></td><td></td><td></td><td></td></tr>
<tr><td colspan="7">合计</td><td></td><td></td><td></td><td></td><td></td><td></td><td></td><td></td><td></td><td></td><td></td><td></td><td></td><td></td><td></td><td></td><td></td><td></td><td></td><td></td><td></td><td></td><td></td><td></td><td></td><td></td><td></td><td></td><td></td><td></td><td></td><td></td><td></td></tr>
<tr><td colspan="41">谨声明：本表是根据国家税收法律法规及相关规定填报的，是真实的、可靠的、完整的。
扣缴义务人（签章）：　　　　年　月　日</td></tr>
<tr><td colspan="20">经办人签字：
经办人身份证件号码：
代理机构签章：
代理机构统一社会信用代码：</td><td colspan="21">受理人：
受理税务机关（章）：
受理日期：　　年　月　日</td></tr>
</table>

附表 4-4

个人所得税年度自行纳税申报表（A表）

（仅取得境内综合所得年度汇算适用）

税款所属期：　　年　月　日至　　年　月　日

纳税人姓名：

纳税人识别号：□□□□□□□□□□□□□□□□□□-□□　　　　金额单位：人民币元（列至角分）

基本情况					
手机号码		电子邮箱		邮政编码	□□□□□□
联系地址	省（区、市）　市　区（县）　街道（乡、镇）				
纳税地点（单选）					
1.有任职受雇单位的，需选本项并填写“任职受雇单位信息”：			□任职受雇单位所在地		
任职受雇单位信息	名称				
	纳税人识别号	□□□□□□□□□□□□□□□□□□			
2.没有任职受雇单位的，可以从本栏次选择一地：			□户籍所在地 □经常居住地 □主要收入来源地		
户籍所在地/经常居住地/主要收入来源地	省（区、市）　市　区（县）　街道（乡、镇）				
申报类型（单选）					
□首次申报			□更正申报		

综合所得个人所得税计算		
项目	行次	金额
一、收入合计（第1行=第2行+第3行+第4行+第5行）	1	
（一）工资、薪金	2	
（二）劳务报酬	3	
（三）稿酬	4	
（四）特许权使用费	5	
二、费用合计［第6行=（第3行+第4行+第5行)×20%］	6	
三、免税收入合计（第7行=第8行+第9行）	7	
（一）稿酬所得免税部分［第8行=第4行×（1-20%）×30%］	8	
（二）其他免税收入（附报《个人所得税减免税事项报告表》）	9	
四、减除费用	10	
五、专项扣除合计（第11行=第12行+第13行+第14行+第15行）	11	
（一）基本养老保险费	12	
（二）基本医疗保险费	13	
（三）失业保险费	14	
（四）住房公积金	15	
六、专项附加扣除合计（附报《个人所得税专项附加扣除信息表》）（第16行=第17行+第18行+第19行+第20行+第21行+第22行+第23行）	16	
（一）子女教育	17	
（二）继续教育	18	
（三）大病医疗	19	
（四）住房贷款利息	20	
（五）住房租金	21	
（六）赡养老人	22	
（七）3岁以下婴幼儿照护	23	
七、其他扣除合计（第24行=第25行+第26行+第27行+第28行+第29行）	24	
（一）年金	25	
（二）商业健康保险（附报《商业健康保险税前扣除情况明细表》）	26	

续表

项目	行次	金额
（三）税延养老保险（附报《个人税收递延型商业养老保险税前扣除情况明细表》）	27	
（四）允许扣除的税费	28	
（五）其他	29	
八、准予扣除的捐赠额（附报《个人所得税公益慈善事业捐赠扣除明细表》）	30	
九、应纳税所得额 （第31行=第1行-第6行-第7行-第10行-第11行-第16行-第24行-第30行）	31	
十、税率（%）	32	
十一、速算扣除数	33	
十二、应纳税额（第34行=第31行×第32行-第33行）	34	
全年一次性奖金个人所得税计算 （无住所居民个人预判为非居民个人取得的数月奖金，选择按全年一次性奖金计税的填写本部分）		
一、全年一次性奖金收入	35	
二、准予扣除的捐赠额（附报《个人所得税公益慈善事业捐赠扣除明细表》）	36	
三、税率（%）	37	
四、速算扣除数	38	
五、应纳税额［第39行=（第35行-第36行）×第37行-第38行］	39	
税额调整		
一、综合所得收入调整额（需在“备注”栏说明调整具体原因、计算方式等）	40	
二、应纳税额调整额	41	
应补/退个人所得税计算		
一、应纳税额合计（第42行=第34行+第39行+第41行）	42	
二、减免税额（附报《个人所得税减免税事项报告表》）	43	
三、已缴税额	44	
四、应补/退税额（第45行=第42行-第43行-第44行）	45	

无住所个人附报信息			
纳税年度内在中国境内居住天数		已在中国境内居住年数	
退税申请（应补/退税额小于0的填写本部分）			
□ 申请退税（需填写“开户银行名称”“开户银行省份”“银行账号”） □ 放弃退税			
开户银行名称		开户银行省份	
银行账号			
备注			

谨声明：本表是根据国家税收法律法规及相关规定填报的，本人对填报内容（附带资料）的真实性、可靠性、完整性负责。

纳税人签字：　　　　年　月　日

经办人签字： 经办人身份证件类型： 经办人身份证件号码： 代理机构签章： 代理机构统一社会信用代码：	受理人： 受理税务机关（章）： 受理日期：　　年　月　日

国家税务总局监制

附表 5-1

企业所得税纳税调整工作底稿

序 号	项 目	计算过程	纳税调整增加额	纳税调整减少额

附表 5-2

应纳税所得额计算表

单位：元（列至角分）

行次	项　　目	金　额
1	纳税调整前所得	
2	加：纳税调整增加额	
3	其中：	
4		
5		
6		
7		
8		
9		
10		
11		
12		
13		
14	减：纳税调整减少额	
15	其中：	
16		
17		
18		
19		
20	纳税调整后所得	
21	减：弥补以前年度亏损	
22	减：免税所得	
23	其中：	
24		
25		
26	应纳税所得额	

附表 5-3

企业所得税应纳税额计算表

单位：元（列至角分）

行次	项　　目	金　额
1	应纳税所得额	
2	适用税率	
3	应交所得税税额	
4	减：预缴所得税税额	
5		
6		
7	应补（退）的所得税税额	

表 5-4（A200000）

中华人民共和国企业所得税月（季）度预缴纳税申报表（A类）

税款所属期间：　　年　月　日至　　年　月　日

纳税人识别号（统一社会信用代码）：□□□□□□□□□□□□□□□□□□□□

纳税人名称：　　　　　　　　　　　　　　　　　　金额单位：人民币元(列至角分)

优惠及附报事项有关信息									
项　目	一季度		二季度		三季度		四季度		季度平均值
	季初	季末	季初	季末	季初	季末	季初	季末	
从业人数									
资产总额（万元）									
国家限制或禁止行业	□是　□否				小型微利企业				□是 □否
	附报事项名称								金额或选项
事项 1	（填写特定事项名称）								
事项 2	（填写特定事项名称）								

	预缴税款计算		本年累计
1	营业收入		
2	营业成本		
3	利润总额		
4	加：特定业务计算的应纳税所得额		
5	减：不征税收入		
6	减：资产加速折旧、摊销（扣除）调减额（填写 A201020）		
7	减：免税收入、减计收入、加计扣除（7.1+7.2+…）		
7.1	（填写优惠事项名称）		
7.2	（填写优惠事项名称）		
8	减：所得减免（8.1+8.2+…）		
8.1	（填写优惠事项名称）		
8.2	（填写优惠事项名称）		
9	减：弥补以前年度亏损		
10	实际利润额（3+4-5-6-7-8-9）\按照上一纳税年度应纳税所得额平均额确定的应纳税所得额		
11	税率(25%)		
12	应纳所得税额（10×11）		
13	减：减免所得税额（13.1+13.2+…）		
13.1	（填写优惠事项名称）		
13.2	（填写优惠事项名称）		
14	减：本年实际已缴纳所得税额		
15	减：特定业务预缴（征）所得税额		
16	本期应补（退）所得税额（12-13-14-15）\税务机关确定的本期应纳所得税额		
	汇总纳税企业总分机构税款计算		
17	总机构	总机构本期分摊应补（退）所得税额（18+19+20）	
18		其中：总机构分摊应补（退）所得税额（16×总机构分摊比例__%）	
19		财政集中分配应补（退）所得税额（16×财政集中分配比例__%）	
20		总机构具有主体生产经营职能的部门分摊所得税额（16×全部分支机构分摊比例____%×总机构具有主体生产经营职能部门分摊比例__%)	
21	分支机构	分支机构本期分摊比例	
22		分支机构本期分摊应补（退）所得税额	
	实际缴纳企业所得税计算		
23	减：民族自治地区企业所得税地方分享部分：□免征 □减征：减征幅度____%	本年累计应减免金额［（12-13-15）×40%×减征幅度］	
24	实际应补（退）所得税额		

谨声明：本纳税申报表是根据国家税收法律法规及相关规定填报的，是真实的、可靠的、完整的。 纳税人（签章）：　　　年　月　日	
经办人： 经办人身份证号： 代理机构签章： 代理机构统一社会信用代码：	受理人： 受理税务机关（章）： 受理日期：　　年　月　日

国家税务总局监制

附表5-5 **中华人民共和国企业所得税年度纳税申报表封面**

中华人民共和国企业所得税年度纳税申报表

（A类，2017年版）

税款所属期间：　　　年　月　日至　　年　月　日

纳税人识别号（统一社会信用代码）：□□□□□□□□□□□□□□□□□□□□

纳税人名称：　　　　　　　　　　　　　　　　　　金额单位：人民币元（列至角分）

谨声明：本纳税申报表是根据国家税收法律法规及相关规定填报的，是真实的、可靠的、完整的。

纳税人（签章）：　　年　月　日

经办人： 经办人身份证号： 代理机构签章：	受理人： 受理税务机关（章）： 受理日期：　　年　月　日

国家税务总局监制

附表5-6（A100000） **中华人民共和国企业所得税年度纳税申报表（A类）**

行次	类别	项　　目	金额
1	利润总额计算	一、营业收入（填写A101010\101020\103000）	
2		减：营业成本（填写A102010\102020\103000）	
3		减：税金及附加	
4		减：销售费用（填写A104000）	
5		减：管理费用（填写A104000）	
6		减：财务费用（填写A104000）	
7		减：资产减值损失	
8		加：公允价值变动收益	
9		加：投资收益	
10		二、营业利润（1-2-3-4-5-6-7+8+9）	
11		加：营业外收入（填写A101010\101020\103000）	
12		减：营业外支出（填写A102010\102020\103000）	
13		三、利润总额（10+11-12）	
14	应纳税所得额计算	减：境外所得（填写A108010）	
15		加：纳税调整增加额（填写A105000）	
16		减：纳税调整减少额（填写A105000）	
17		减：免税、减计收入及加计扣除（填写A107010）	
18		加：境外应税所得抵减境内亏损（填写A108000）	
19		四、纳税调整后所得（13-14+15-16-17+18）	
20		减：所得减免（填写A107020）	
21		减：弥补以前年度亏损（填写A106000）	
22		减：抵扣应纳税所得额（填写A107030）	
23		五、应纳税所得额（19-20-21-22）	
24	应纳税额计算	税率（25%）	
25		六、应纳所得税额（23×24）	
26		减：减免所得税额（填写A107040）	
27		减：抵免所得税额（填写A107050）	
28		七、应纳税额（25-26-27）	
29		加：境外所得应纳所得税额（填写A108000）	
30		减：境外所得抵免所得税额（填写A108000）	
31		八、实际应纳所得税额（28+29-30）	
32		减：本年累计实际已缴纳的所得税额	
33		九、本年应补（退）所得税额（31-32）	
34		其中：总机构分摊本年应补（退）所得税额（填写A109000）	
35		财政集中分配本年应补（退）所得税额（填写A109000）	
36		总机构主体生产经营部门分摊本年应补（退）所得税额（填写A109000）	
37	实际应纳税额计算	减：民族自治地区企业所得税地方分享部分：（□免征□减征：减征幅度　%）	
38		十、本年实际应补（退）所得税额（33-37）	

附表5-7（A101010）

一般企业收入明细表

行次	项目	金额
1	一、营业收入（2+9）	
2	（一）主营业务收入（3+5+6+7+8）	
3	1.销售商品收入	
4	其中：非货币性资产交换收入	
5	2.提供劳务收入	
6	3.建造合同收入	
7	4.让渡资产使用权收入	
8	5.其他	
9	（二）其他业务收入（10+12+13+14+15）	
10	1.销售材料收入	
11	其中：非货币性资产交换收入	
12	2.出租固定资产收入	
13	3.出租无形资产收入	
14	4.出租包装物和商品收入	
15	5.其他	
16	二、营业外收入（17+18+19+20+21+22+23+24+25+26）	
17	（一）非流动资产处置利得	
18	（二）非货币性资产交换利得	
19	（三）债务重组利得	
20	（四）政府补助利得	
21	（五）盘盈利得	
22	（六）捐赠利得	
23	（七）罚没利得	
24	（八）确实无法偿付的应付款项	
25	（九）汇兑收益	
26	（十）其他	

附表5-8（A102010）

一般企业成本支出明细表

行次	项目	金额
1	一、营业成本（2+9）	
2	（一）主营业务成本（3+5+6+7+8）	
3	1.销售商品成本	
4	其中：非货币性资产交换成本	
5	2.提供劳务成本	
6	3.建造合同成本	
7	4.让渡资产使用权成本	
8	5.其他	
9	（二）其他业务成本（10+12+13+14+15）	
10	1.销售材料成本	
11	其中：非货币性资产交换成本	
12	2.出租固定资产成本	
13	3.出租无形资产成本	
14	4.包装物出租成本	
15	5.其他	
16	二、营业外支出（17+18+19+20+21+22+23+24+25+26）	
17	（一）非流动资产处置损失	
18	（二）非货币性资产交换损失	
19	（三）债务重组损失	
20	（四）非常损失	
21	（五）捐赠支出	
22	（六）赞助支出	
23	（七）罚没支出	
24	（八）坏账损失	
25	（九）无法收回的债券股权投资损失	
26	（十）其他	

附表5-9（A105000）

纳税调整项目明细表

行次	项 目	账载金额	税收金额	调增金额	调减金额
		1	2	3	4
1	一、收入类调整项目（2+3+…+8+10+11）	*	*		
2	（一）视同销售收入（填写A105010）	*			*
3	（二）未按权责发生制原则确认的收入（填写A105020）				
4	（三）投资收益（填写A105030）				
5	（四）按权益法核算长期股权投资对初始投资成本调整确认收益	*	*	*	
6	（五）交易性金融资产初始投资调整	*	*		*
7	（六）公允价值变动净损益		*		
8	（七）不征税收入	*	*		
9	其中：专项用途财政性资金（填写A105040）	*	*		
10	（八）销售折扣、折让和退回				
11	（九）其他				
12	二、扣除类调整项目（13+14+…+24+26+27+28+29+30）	*	*		
13	（一）视同销售成本（填写A105010）	*		*	
14	（二）职工薪酬（填写A105050）				
15	（三）业务招待费支出				*
16	（四）广告费和业务宣传费支出（填写A105060）	*	*		
17	（五）捐赠支出（填写A105070）				
18	（六）利息支出				
19	（七）罚金、罚款和被没收财物的损失		*		*
20	（八）税收滞纳金、加收利息		*		*
21	（九）赞助支出		*		*
22	（十）与未实现融资收益相关在当期确认的财务费用				
23	（十一）佣金和手续费支出（保险企业填写A105060）				
24	（十二）不征税收入用于支出所形成的费用	*	*		*
25	其中：专项用途财政性资金用于支出所形成的费用（填写A105040）	*	*		*
26	（十三）跨期扣除项目				
27	（十四）与取得收入无关的支出		*		*
28	（十五）境外所得分摊的共同支出	*	*		*
29	（十六）党组织工作经费				
30	（十七）其他				
31	三、资产类调整项目（32+33+34+35）	*	*		
32	（一）资产折旧、摊销（填写A105080）				
33	（二）资产减值准备金		*		
34	（三）资产损失（填写A105090）				
35	（四）其他				
36	四、特殊事项调整项目（37+38+…+43）	*	*		
37	（一）企业重组及递延纳税事项（填写A105100）				
38	（二）政策性搬迁（填写A105110）	*	*		
39	（三）特殊行业准备金（39.1+39.2+39.4+39.5+39.6+39.7）	*	*		
39.1	1.保险公司保险保障基金				
39.2	2.保险公司准备金				
39.3	其中：已发生未报案未决赔款准备金				
39.4	3.证券行业准备金				
39.5	4.期货行业准备金				
39.6	5.中小企业融资（信用）担保机构准备金				
39.7	6.金融企业、小额贷款公司准备金（填写A105120）	*	*		
40	（四）房地产开发企业特定业务计算的纳税调整额(填写A105010)	*			
41	（五）合伙企业法人合伙人应分得的应纳税所得额				
42	（六）发行永续债利息支出				
43	（七）其他	*	*		
44	五、特别纳税调整应税所得	*	*		
45	六、其他	*	*		
46	合计（1+12+31+36+44+45）	*	*		

附表5-10（A105010）**视同销售和房地产开发企业特定业务纳税调整明细表**

行次	项目	税收金额	纳税调整金额
		1	2
1	一、视同销售（营业）收入（2+3+4+5+6+7+8+9+10）		
2	（一）非货币性资产交换视同销售收入		
3	（二）用于市场推广或销售视同销售收入		
4	（三）用于交际应酬视同销售收入		
5	（四）用于职工奖励或福利视同销售收入		
6	（五）用于股息分配视同销售收入		
7	（六）用于对外捐赠视同销售收入		
8	（七）用于对外投资项目视同销售收入		
9	（八）提供劳务视同销售收入		
10	（九）其他		
11	二、视同销售（营业）成本（12+13+14+15+16+17+18+19+20）		
12	（一）非货币性资产交换视同销售成本		
13	（二）用于市场推广或销售视同销售成本		
14	（三）用于交际应酬视同销售成本		
15	（四）用于职工奖励或福利视同销售成本		
16	（五）用于股息分配视同销售成本		
17	（六）用于对外捐赠视同销售成本		
18	（七）用于对外投资项目视同销售成本		
19	（八）提供劳务视同销售成本		
20	（九）其他		
21	三、房地产开发企业特定业务计算的纳税调整额（22-26）		
22	（一）房地产企业销售未完工开发产品特定业务计算的纳税调整额（24-25）		
23	1.销售未完工产品的收入		*
24	2.销售未完工产品预计毛利额		
25	3.实际发生的税金及附加、土地增值税		
26	（二）房地产企业销售的未完工产品转完工产品特定业务计算的纳税调整额（28-29）		
27	1.销售未完工产品转完工产品确认的销售收入		*
28	2.转回的销售未完工产品预计毛利额		
29	3.转回实际发生的税金及附加、土地增值税		

附表 5-11（A105050）

职工薪酬支出及纳税调整明细表

行次	项目	账载金额	实际发生额	税收规定扣除率	以前年度累计结转扣除额	税收金额	纳税调整金额	累计结转以后年度扣除额
		1	2	3	4	5	6（1-5）	7（2+4-5）
1	一、工资薪金支出			*	*			*
2	其中：股权激励			*	*			*
3	二、职工福利费支出				*			*
4	三、职工教育经费支出			*				
5	其中：按税收规定比例扣除的职工教育经费							
6	按税收规定全额扣除的职工培训费用				*			*
7	四、工会经费支出				*			*
8	五、各类基本社会保障性缴款			*	*			*
9	六、住房公积金			*	*			*
10	七、补充养老保险				*			*
11	八、补充医疗保险				*			*
12	九、其他			*	*			*
13	合计（1+3+4+7+8+9+10+11+12）			*				

附表5-12（A105060）**广告费和业务宣传费跨年度纳税调整明细表**

行次	项目	广告费和业务宣传费	保险企业手续费及佣金支出
		1	2
1	一、本年支出		
2	减：不允许扣除的支出		
3	二、本年符合条件的支出（1-2）		
4	三、本年计算扣除限额的基数		
5	乘：税收规定扣除率		
6	四、本企业计算的扣除限额（4×5）		
7	五、本年结转以后年度扣除额（3>6，本行=3-6；3≤6，本行=0）		
8	加：以前年度累计结转扣除额		
9	减：本年扣除的以前年度结转额[3>6，本行=0；3≤6，本行=8与（6-3）孰小值]		
10	六、按照分摊协议归集至其他关联方的金额（10≤3与6孰小值）		*
11	按照分摊协议从其他关联方归集至本企业的金额		*
12	七、本年支出纳税调整金额（3>6，本行=2+3-6+10-11；3≤6，本行=2+10-11-9）		
13	八、累计结转以后年度扣除额（7+8-9）		

附表5-13（A105070）　**捐赠支出纳税调整明细表**

行次	项　目	账载金额	以前年度结转可扣除的捐赠额	按税收规定计算的扣除限额	税收金额	纳税调增金额	纳税调减金额	可结转以后年度扣除的捐赠额
		1	2	3	4	5	6	7
1	一、非公益性捐赠		*	*	*		*	*
2	二、限额扣除的公益性捐赠（3+4+5+6）							
3	前三年度（　　　年）	*		*	*	*		*
4	前二年度（　　　年）	*		*	*	*		
5	前一年度（　　　年）	*		*	*	*		
6	本　　年（　　　年）		*				*	
7	三、全额扣除的公益性捐赠		*	*		*	*	*
8	1.		*	*		*	*	*
9	2.		*	*		*	*	*
10	3.		*	*		*	*	*
11	合计（1+2+7）							
附列资料	2015年度至本年发生的公益性扶贫捐赠合计金额		*	*		*	*	*

附表5-14（A107010） **免税、减计收入及加计扣除优惠明细表**

行次	项 目	金额
1	一、免税收入（2+3+9+…+16）	
2	（一）国债利息收入免征企业所得税	
3	（二）符合条件的居民企业之间的股息、红利等权益性投资收益免征企业所得税（4+5+6+7+8）	
4	1.一般股息红利等权益性投资收益免征企业所得税（填写A107011）	
5	2.内地居民企业通过沪港通投资且连续持有H股满12个月取得的股息红利所得免征企业所得税（填写A107011）	
6	3.内地居民企业通过深港通投资且连续持有H股满12个月取得的股息红利所得免征企业所得税（填写A107011）	
7	4.居民企业持有创新企业CDR取得的股息红利所得免征企业所得税（填写A107011）	
8	5.符合条件的永续债利息收入免征企业所得税（填写A107011）	
9	（三）符合条件的非营利组织的收入免征企业所得税	
10	（四）中国清洁发展机制基金取得的收入免征企业所得税	
11	（五）投资者从证券投资基金分配中取得的收入免征企业所得税	
12	（六）取得的地方政府债券利息收入免征企业所得税	
13	（七）中国保险保障基金有限责任公司取得的保险保障基金等收入免征企业所得税	
14	（八）中国奥委会取得北京冬奥组委支付的收入免征企业所得税	
15	（九）中国残奥委会取得北京冬奥组委分期支付的收入免征企业所得税	
16	（十）其他	
17	二、减计收入（18+19+23+24）	
18	（一）综合利用资源生产产品取得的收入在计算应纳税所得额时减计收入	
19	（二）金融、保险等机构取得的涉农利息、保费减计收入（20+21+22）	
20	1.金融机构取得的涉农贷款利息收入在计算应纳税所得额时减计收入	
21	2.保险机构取得的涉农保费收入在计算应纳税所得额时减计收入	
22	3.小额贷款公司取得的农户小额贷款利息收入在计算应纳税所得额时减计收入	
23	（三）取得铁路债券利息收入减半征收企业所得税	
24	（四）其他（24.1+24.2）	
24.1	1.取得的社区家庭服务收入在计算应纳税所得额时减计收入	
24.2	2.其他	
25	三、加计扣除（26+27+28+29+30）	
26	（一）开发新技术、新产品、新工艺发生的研究开发费用加计扣除（填写A107012）	
27	（二）科技型中小企业开发新技术、新产品、新工艺发生的研究开发费用加计扣除（填写A107012）	
28	（三）企业为获得创新性、创意性、突破性的产品进行创意设计活动而发生的相关费用加计扣除（加计扣除比例__%）	
29	（四）安置残疾人员所支付的工资加计扣除	
30	（五）其他	
31	合计（1+17+25）	

附表6-1

2021年第四季度房产税应纳税额计算表

金额单位：元（列至角分）

楼号	房产原值	按房产余值计征房产税				按租金收入计征房产税			第四季度应纳税额
		扣除率	房产余值	适用税率	应纳税额	租金收入	适用税率	应纳税额	
合计									

附表6-2

2021年第四季度城镇土地使用税应纳税额计算表

金额单位：元（列至角分）

土地编号	占地总面积（平方米）	免税占地面积（平方米）	计税占地面积（平方米）	税额标准（元/平方米）	应纳税额
合计					

附表6-3

城镇土地使用税 房产税税源明细表

纳税人识别号（统一社会信用代码）：□□□□□□□□□□□□□□□□□□

纳税人名称：　　　　　　　　　　　　　　　　　　　　　　金额单位：人民币元（列至角分）；面积单位：平方米

<table>
<tr><td colspan="13">一、城镇土地使用税税源明细</td></tr>
<tr><td colspan="2">*纳税人类型</td><td colspan="3">土地使用权人□ 集体土地使用人□
无偿使用人□ 代管人□ 实际使用人□
（必选）</td><td>土地使用权人纳税人识别号
（统一社会信用代码）</td><td colspan="3"></td><td colspan="2">土地使用权人名称</td><td colspan="2"></td></tr>
<tr><td colspan="2">*土地编号</td><td colspan="3"></td><td>土地名称</td><td colspan="3"></td><td colspan="2">不动产权证号</td><td colspan="2"></td></tr>
<tr><td colspan="2">不动产单元代码</td><td colspan="3"></td><td>宗地号</td><td colspan="3"></td><td colspan="2">*土地性质</td><td colspan="2">国有□ 集体□
（必选）</td></tr>
<tr><td colspan="2">*土地取得方式</td><td colspan="3">划拨□ 出让□ 转让□ 租赁□
其他□（必选）</td><td>*土地用途</td><td colspan="7">工业□ 商业□ 居住□ 综合□ 房地产开发企业的开发用地□
其他□
（必选）</td></tr>
<tr><td colspan="2">*土地坐落地址
（详细地址）</td><td colspan="11">__________省（自治区、直辖市）____ 市（区）____县（区）____乡镇（街道）________（必填）</td></tr>
<tr><td colspan="2">*土地所属主管税务所（科、分局）</td><td colspan="11"></td></tr>
<tr><td colspan="2">*土地取得时间</td><td>年　月</td><td>变更类型</td><td colspan="6">纳税义务终止（权属转移□ 其他□）
信息项变更（土地面积变更□ 土地等级变更□ 减免税变更□ 其他□）</td><td colspan="2">变更时间</td><td>年　月</td></tr>
<tr><td colspan="2">占用土地面积</td><td colspan="2"></td><td colspan="3">土地等级</td><td colspan="3"></td><td colspan="2">税额标准</td><td></td></tr>
<tr><td colspan="2">地价</td><td colspan="2"></td><td colspan="3">其中取得土地使用权支付金额</td><td colspan="3"></td><td colspan="2">其中土地开发成本</td><td></td></tr>
<tr><td rowspan="5">减免税部分</td><td rowspan="2">序号</td><td colspan="4" rowspan="2">减免性质代码和项目名称</td><td colspan="4">减免起止时间</td><td colspan="2" rowspan="2">减免税土地面积</td><td rowspan="2">月减免税金额</td></tr>
<tr><td colspan="2">减免起始月份</td><td colspan="2">减免终止月份</td></tr>
<tr><td>1</td><td colspan="4"></td><td colspan="2">年　月</td><td colspan="2">年　月</td><td colspan="2"></td><td></td></tr>
<tr><td>2</td><td colspan="4"></td><td colspan="2"></td><td colspan="2"></td><td colspan="2"></td><td></td></tr>
<tr><td>3</td><td colspan="4"></td><td colspan="2"></td><td colspan="2"></td><td colspan="2"></td><td></td></tr>
<tr><td colspan="13">二、房产税税源明细</td></tr>
<tr><td colspan="13">（一）从价计征房产税明细</td></tr>
<tr><td colspan="2">*纳税人类型</td><td colspan="3">产权所有人□ 经营管理人□ 承典人□
房屋代管人□ 房屋使用人□ 融资租赁承租人□
（必选）</td><td>所有权人纳税人识别号
（统一社会信用代码）</td><td colspan="3"></td><td colspan="2">所有权人名称</td><td colspan="2"></td></tr>
</table>

<table>
<tr><td colspan="2">*房产编号</td><td colspan="2"></td><td>房产名称</td><td colspan="4"></td></tr>
<tr><td colspan="2">不动产权证号</td><td colspan="2"></td><td>不动产单元代码</td><td colspan="4"></td></tr>
<tr><td colspan="2">*房屋坐落地址
（详细地址）</td><td colspan="7">______省（自治区、直辖市）______市（区）______县（区）______乡镇（街道）______（必填）</td></tr>
<tr><td colspan="2">*房产所属主管税务所（科、分局）</td><td colspan="7"></td></tr>
<tr><td colspan="2">房屋所在土地编号</td><td colspan="2"></td><td>*房产用途</td><td colspan="4">工业□ 商业及办公□ 住房□ 其他□ （必选）</td></tr>
<tr><td colspan="2">*房产取得时间</td><td>______年__月</td><td>变更类型</td><td colspan="3">纳税义务终止（权属转移□ 其他□）
信息项变更（房产原值变更□ 出租房产原值变更□ 减免税变更□ 申报租金收入变更□ 其他□）</td><td>变更时间</td><td>______年__月</td></tr>
<tr><td colspan="2">*建筑面积</td><td colspan="2"></td><td>其中：出租房产面积</td><td colspan="4"></td></tr>
<tr><td colspan="2">*房产原值</td><td colspan="2"></td><td>其中：出租房产原值</td><td colspan="2"></td><td>计税比例</td><td></td></tr>
<tr><td rowspan="5">减免税部分</td><td rowspan="2">序号</td><td colspan="3" rowspan="2">减免性质代码和项目名称</td><td colspan="2">减免起止时间</td><td rowspan="2">减免税房产原值</td><td rowspan="2">月减免税金额</td></tr>
<tr><td>减免起始月份</td><td>减免终止月份</td></tr>
<tr><td>1</td><td colspan="3"></td><td>年 月</td><td>年 月</td><td></td><td></td></tr>
<tr><td>2</td><td colspan="3"></td><td></td><td></td><td></td><td></td></tr>
<tr><td>3</td><td colspan="3"></td><td></td><td></td><td></td><td></td></tr>
<tr><td colspan="9">（二）从租计征房产税明细</td></tr>
<tr><td colspan="3">*房产编号</td><td></td><td colspan="2">房产名称</td><td colspan="3"></td></tr>
<tr><td colspan="3">*房产所属主管税务所（科、分局）</td><td colspan="6"></td></tr>
<tr><td colspan="3">承租方纳税人识别号
（统一社会信用代码）</td><td></td><td colspan="2">承租方名称</td><td colspan="3"></td></tr>
<tr><td colspan="3">*出租面积</td><td></td><td colspan="2">*申报租金收入</td><td colspan="3"></td></tr>
<tr><td colspan="3">*申报租金所属租赁期起</td><td></td><td colspan="2">*申报租金所属租赁期止</td><td colspan="3"></td></tr>
<tr><td rowspan="5">减免税部分</td><td rowspan="2">序号</td><td colspan="2" rowspan="2">减免性质代码和项目名称</td><td colspan="3">减免起止时间</td><td rowspan="2">减免税租金收入</td><td rowspan="2">月减免税金额</td></tr>
<tr><td>减免起始月份</td><td colspan="2">减免终止月份</td></tr>
<tr><td>1</td><td colspan="2"></td><td>年 月</td><td colspan="2">年 月</td><td></td><td></td></tr>
<tr><td>2</td><td colspan="2"></td><td></td><td colspan="2"></td><td></td><td></td></tr>
<tr><td>3</td><td colspan="2"></td><td></td><td colspan="2"></td><td></td><td></td></tr>
</table>

附表6-4

财产和行为税减免税明细申报附表

纳税人识别号（统一社会信用代码）：□□□□□□□□□□□□□□□□□□□□

纳税人名称：

金额单位：人民币元（列至角分）

<table>
<tr><td colspan="2" rowspan="3">本期是否适用小微企业“六税两费”减免政策</td><td rowspan="3">□是 □否</td><td rowspan="2">减免政策适用主体</td><td colspan="2">增值税小规模纳税人：□是 □否</td></tr>
<tr><td colspan="2">增值税一般纳税人：□个体工商户 □小型微利企业</td></tr>
<tr><td>适用减免政策起止时间</td><td colspan="2">年 月至 年 月</td></tr>
<tr><td colspan="3">合计减免税额</td><td colspan="3"></td></tr>
<tr><td colspan="6">城镇土地使用税</td></tr>
<tr><td>序号</td><td>土地编号</td><td>税款所属期起</td><td>税款所属期止</td><td>减免性质代码和项目名称</td><td>减免税额</td></tr>
<tr><td>1</td><td></td><td></td><td></td><td></td><td></td></tr>
<tr><td>2</td><td></td><td></td><td></td><td></td><td></td></tr>
<tr><td>小计</td><td>—</td><td></td><td></td><td>—</td><td></td></tr>
<tr><td colspan="6">房产税</td></tr>
<tr><td>序号</td><td>房产编号</td><td>税款所属期起</td><td>税款所属期止</td><td>减免性质代码和项目名称</td><td>减免税额</td></tr>
<tr><td>1</td><td></td><td></td><td></td><td></td><td></td></tr>
<tr><td>2</td><td></td><td></td><td></td><td></td><td></td></tr>
<tr><td>小计</td><td>—</td><td></td><td></td><td>—</td><td></td></tr>
<tr><td colspan="6">车船税</td></tr>
<tr><td>序号</td><td>车辆识别代码/船舶识别码</td><td>税款所属期起</td><td>税款所属期止</td><td>减免性质代码和项目名称</td><td>减免税额</td></tr>
<tr><td>1</td><td></td><td></td><td></td><td></td><td></td></tr>
<tr><td>2</td><td></td><td></td><td></td><td></td><td></td></tr>
<tr><td>小计</td><td></td><td></td><td></td><td>—</td><td></td></tr>
<tr><td colspan="6">印花税</td></tr>
<tr><td>序号</td><td>税目</td><td>税款所属期起</td><td>税款所属期止</td><td>减免性质代码和项目名称</td><td>减免税额</td></tr>
<tr><td>1</td><td></td><td></td><td></td><td></td><td></td></tr>
<tr><td>2</td><td></td><td></td><td></td><td></td><td></td></tr>
<tr><td>小计</td><td>—</td><td></td><td></td><td>—</td><td></td></tr>
</table>

续表

<table>
<tr><td colspan="8">资源税</td></tr>
<tr><td>序号</td><td colspan="2">税目</td><td>子目</td><td>税款所属期起</td><td>税款所属期止</td><td>减免性质代码和项目名称</td><td>减免税额</td></tr>
<tr><td>1</td><td colspan="2"></td><td></td><td></td><td></td><td></td><td></td></tr>
<tr><td>2</td><td colspan="2"></td><td></td><td></td><td></td><td></td><td></td></tr>
<tr><td>小计</td><td colspan="2">—</td><td>—</td><td></td><td></td><td>—</td><td></td></tr>
<tr><td colspan="8">耕地占用税</td></tr>
<tr><td>序号</td><td colspan="2">税源编号</td><td colspan="2">税款所属期起</td><td>税款所属期止</td><td>减免性质代码和项目名称</td><td>减免税额</td></tr>
<tr><td>1</td><td colspan="2"></td><td colspan="2"></td><td></td><td></td><td></td></tr>
<tr><td>2</td><td colspan="2"></td><td colspan="2"></td><td></td><td></td><td></td></tr>
<tr><td>小计</td><td colspan="2">—</td><td colspan="2"></td><td></td><td>—</td><td></td></tr>
<tr><td colspan="8">契税</td></tr>
<tr><td>序号</td><td colspan="2">税源编号</td><td colspan="2">税款所属期起</td><td>税款所属期止</td><td>减免性质代码和项目名称</td><td>减免税额</td></tr>
<tr><td>1</td><td colspan="2"></td><td colspan="2"></td><td></td><td></td><td></td></tr>
<tr><td>2</td><td colspan="2"></td><td colspan="2"></td><td></td><td></td><td></td></tr>
<tr><td>小计</td><td colspan="2">—</td><td colspan="2"></td><td></td><td>—</td><td></td></tr>
<tr><td colspan="8">土地增值税</td></tr>
<tr><td>序号</td><td colspan="2">项目编号</td><td colspan="2">税款所属期起</td><td>税款所属期止</td><td>减免性质代码和项目名称</td><td>减免税额</td></tr>
<tr><td>1</td><td colspan="2"></td><td colspan="2"></td><td></td><td></td><td></td></tr>
<tr><td>2</td><td colspan="2"></td><td colspan="2"></td><td></td><td></td><td></td></tr>
<tr><td>小计</td><td colspan="2">—</td><td colspan="2"></td><td></td><td>—</td><td></td></tr>
<tr><td colspan="8">环境保护税</td></tr>
<tr><td>序号</td><td>税源编号</td><td>污染物类别</td><td>污染物名称</td><td>税款所属期起</td><td>税款所属期止</td><td>减免性质代码和项目名称</td><td>减免税额</td></tr>
<tr><td>1</td><td></td><td></td><td></td><td></td><td></td><td></td><td></td></tr>
<tr><td>2</td><td></td><td></td><td></td><td></td><td></td><td></td><td></td></tr>
<tr><td>小计</td><td>—</td><td>—</td><td>—</td><td></td><td></td><td>—</td><td></td></tr>
<tr><td colspan="8">声明：此表是根据国家税收法律法规及相关规定填写的，本人（单位）对填报内容（及附带资料）的真实性、可靠性、完整性负责。
纳税人（签章）：　　　　年　月　日</td></tr>
<tr><td colspan="5">经办人：
经办人身份证号：
代理机构签章：
代理机构统一社会信用代码：</td><td colspan="3">受理人：
受理税务机关（章）：
受理日期：　　年　月　日</td></tr>
</table>

附表6-5

财产和行为税纳税申报表

纳税人识别号（统一社会信用代码）：□□□□□□□□□□□□□□□□□□

纳税人名称：　　　　　　　　　　　　　　　　　　　　金额单位：人民币元（列至角分）

序号	税种	税目	税款所属期起	税款所属期止	计税依据	税率	应纳税额	减免税额	已缴税额	应补（退）税额
1										
2										
3										
4										
5										
6										
7										
8										
9										
10										
11	合计	—	—	—	—	—				

声明：此表是根据国家税收法律法规及相关规定填写的，本人（单位）对填报内容（及附带资料）的真实性、可靠性、完整性负责。

纳税人（签章）：　　　　年　月　日

经办人： 经办人身份证号： 代理机构签章： 代理机构统一社会信用代码：	受理人： 受理税务机关（章）： 受理日期：　　年　月　日

附表6-6

印花税税源明细表

纳税人识别号（统一社会信用代码）：□□□□□□□□□□□□□□□□□□

纳税人（缴费人）名称：

金额单位：人民币元（列至角分）

序号	应税凭证税务编号	应税凭证编号	*应税凭证名称	*申报期限类型	应税凭证数量	*税目	子目	*税款所属期起	*税款所属期止	*应税凭证书立日期	*计税金额	实际结算日期	实际结算金额	*税率	减免性质代码和项目名称	对方书立人信息		
																对方书立人名称	对方书立人纳税人识别号（统一社会信用代码）	对方书立人涉及金额
1																		
2																		
3																		

附表6-7

财产和行为税减免税明细申报附表

纳税人识别号（统一社会信用代码）：□□□□□□□□□□□□□□□□□□

纳税人名称：

金额单位：人民币元（列至角分）

<table>
<tr><td colspan="2" rowspan="3">本期是否适用小微企业“六税两费”减免政策</td><td rowspan="3">□是 □否</td><td rowspan="2">减免政策适用主体</td><td colspan="2">增值税小规模纳税人：□是 □否</td></tr>
<tr><td colspan="2">增值税一般纳税人：□个体工商户 □小型微利企业</td></tr>
<tr><td>适用减免政策起止时间</td><td colspan="2">年 月至 年 月</td></tr>
<tr><td colspan="3">合计减免税额</td><td colspan="3"></td></tr>
<tr><td colspan="6">城镇土地使用税</td></tr>
<tr><td>序号</td><td>土地编号</td><td>税款所属期起</td><td>税款所属期止</td><td>减免性质代码和项目名称</td><td>减免税额</td></tr>
<tr><td>1</td><td></td><td></td><td></td><td></td><td></td></tr>
<tr><td>2</td><td></td><td></td><td></td><td></td><td></td></tr>
<tr><td>小计</td><td>—</td><td></td><td></td><td>—</td><td></td></tr>
<tr><td colspan="6">房产税</td></tr>
<tr><td>序号</td><td>房产编号</td><td>税款所属期起</td><td>税款所属期止</td><td>减免性质代码和项目名称</td><td>减免税额</td></tr>
<tr><td>1</td><td></td><td></td><td></td><td></td><td></td></tr>
<tr><td>2</td><td></td><td></td><td></td><td></td><td></td></tr>
<tr><td>小计</td><td>—</td><td></td><td></td><td>—</td><td></td></tr>
<tr><td colspan="6">车船税</td></tr>
<tr><td>序号</td><td>车辆识别代码/船舶识别码</td><td>税款所属期起</td><td>税款所属期止</td><td>减免性质代码和项目名称</td><td>减免税额</td></tr>
<tr><td>1</td><td></td><td></td><td></td><td></td><td></td></tr>
<tr><td>2</td><td></td><td></td><td></td><td></td><td></td></tr>
<tr><td>小计</td><td></td><td></td><td></td><td>—</td><td></td></tr>
<tr><td colspan="6">印花税</td></tr>
<tr><td>序号</td><td>税目</td><td>税款所属期起</td><td>税款所属期止</td><td>减免性质代码和项目名称</td><td>减免税额</td></tr>
<tr><td>1</td><td></td><td></td><td></td><td></td><td></td></tr>
<tr><td>2</td><td></td><td></td><td></td><td></td><td></td></tr>
<tr><td>小计</td><td>—</td><td></td><td></td><td>—</td><td></td></tr>
</table>

资源税

序号	税目	子目	税款所属期起	税款所属期止	减免性质代码和项目名称	减免税额
1						
2						
小计	—	—			—	

耕地占用税

序号	税源编号	税款所属期起	税款所属期止	减免性质代码和项目名称	减免税额
1					
2					
小计	—			—	

契税

序号	税源编号	税款所属期起	税款所属期止	减免性质代码和项目名称	减免税额
1					
2					
小计	—			—	

土地增值税

序号	项目编号	税款所属期起	税款所属期止	减免性质代码和项目名称	减免税额
1					
2					
小计	—			—	

环境保护税

序号	税源编号	污染物类别	污染物名称	税款所属期起	税款所属期止	减免性质代码和项目名称	减免税额
1							
2							
小计	—	—	—			—	

声明：此表是根据国家税收法律法规及相关规定填写的，本人（单位）对填报内容（及附带资料）的真实性、可靠性、完整性负责。

纳税人（签章）：　　年　月　日

经办人： 经办人身份证号： 代理机构签章： 代理机构统一社会信用代码：	受理人： 受理税务机关（章）： 受理日期：　　年　月　日

附表6-8

财产和行为税纳税申报表

纳税人识别号（统一社会信用代码）：□□□□□□□□□□□□□□□□□□

纳税人名称：

金额单位：人民币元（列至角分）

序号	税种	税目	税款所属期起	税款所属期止	计税依据	税率	应纳税额	减免税额	已缴税额	应补（退）税额
1										
2										
3										
4										
5										
6										
7										
8										
9										
10										
11	合计	—	—	—	—	—				

声明：此表是根据国家税收法律法规及相关规定填写的，本人（单位）对填报内容（及附带资料）的真实性、可靠性、完整性负责。

纳税人（签章）：　　　　年　月　日

经办人： 经办人身份证号： 代理机构签章： 代理机构统一社会信用代码：	受理人： 受理税务机关（章）： 受理日期：　　年　月　日